宇宙牖啓于：巽卦

自序

易經錯了幾千年，史記以來易經版本可謂「千篇一律」，難袪窠臼，遍觀數千年所有「易經著作」。
始自：「夏、殷商、周」，以來，易經除了「六十四卦相」無法可改之外，易經之「全部內容」已多被各個朝代改成：「史記」與「占不占、卜不卜」的「民間閒雜事之記述」。引申，如：「大壯卦」：六五：「喪羊于易、無悔」。
坤卦之：「先迷後得」、「先迷失道」。睽卦九二：「遇主于巷」上九：「匪寇婚媾，往遇雨則吉，群疑亡也」等等。

在易經的「每一卦辭、彖辭、爻辭、象辭……等」比比皆錯。損卦六五：「十朋之龜」。

華夏「易經」，即：「伏羲先天六十四卦相」。

「卦相學理」已無載述「天象學理論」，而將此「瑰寶文明的：宇宙觀大學論」，數千年來之聖賢皆：「以辭說項」，即濟：「看辭說故事」般的闡述「易經」，甚至連「爻法對應」亦「諸多錯解」，且諸家各倚辭立論。

「伏羲先天六十四卦」之「卦相」乃有其「宇宙觀 100 %

䷀ 乾天大太空」創建出「 5 % ䷸ 巽天大太空(星系世

界)」，其「創建」、「循環」、「生滅」、「共構時空」的法則，皆俱足于：「伏羲先天六十四卦象之中」。

本人研習「伏羲先天六十四卦」卦相之：「法、理、道」，即：「不易、簡易、變易」之總和相，近五十年來，研習而知「伏羲先天六十四卦」乃一部唯有在「中土華夏」的「宇宙學論大經典」伏藏著「宇宙密碼」在：「連山易圖」之「數據變渙于六爻卦相的陰陽六爻定論，每一卦皆在闡述：宇宙大學論」。

緣於對「六十四卦相」解讀出：「連山易圖有數字密碼變渙，且運用于：六十四卦每一卦的變易法則」。

已經將「易經」改為「天象學理論」，並將爻、卦、彖、象辭，全部以「六十四卦相」作：「天象卦爻辭」之解釋，以釋論「伏羲先天六十四卦」乃「宇宙大觀論」，將陸續出版「伏羲先天六十四卦相」之天象學理論，分冊出版。

林永昌　謹識於　高雄

前言

「伏羲先天八卦圖」乃「宇宙100%」由「三分☰乾卦」立定「中心太極點」呈立：「三點中心定軸」，由「☰乾卦之：三和定軸生呈☷坤地卦」而顯現：「上、中、下」立定：「一軸輹」巽旋於「三百六十度為一周天」，曰：「周天易」。

周天軸輹☴巽於之「磁場能量」乃生呈「左☲離、右☵坎」☴巽旋出：「四正卦」與「四隅卦」，「八卦」生呈

「一方宇宙星系世界」，而「天地宇宙之時間與空間」乃緣由：「星系互旋互引」之磁場產生「斥、合、和」的「磁孚共構運轉同軸」生呈：「時間軸」之「總磁能量場」共構「大星系外圍共旋」之星系磁能量場同運轉於：「同一時間中軸」，而產生：「時間磁場」共構「空間星系磁場」，產生：「時間」、「空間」、「共體運轉」，且「循環往復」行歷「時空」之有「生滅定律」。

「伏羲先天八卦圖」：「☰乾天卦相」為：「三分體相」，定軸成立：「三和體相」，「陰、陽」於「八單卦」中「互相對應爻位」，並由「陰、陽」兩極，「左、右」互旋，其「磁能量場」形成「星系磁孚」於「☰乾天大太空間」，故：「星系總稱：☴☴巽天大太空間」生呈」互旋而有時間與空間的架構運轉體相」，佔5%巽天空眾星系。

「䷀乾天大太空間佔95%之天空」並無：「時間」與「空間」之「星系磁場」，而是彌遍絪緼物質：「能量元素」與「物質元素」。

此即濟：「伏羲先天六十四卦」能量對應之基本概念在於：「先天八卦圖之解析三爻對應法」，方可探究「六十四重卦」法則。

解讀：

①：「連山易圖」有卦相陰陽密碼變渙數字。

②：「歸藏易圖」有「隱相之方位顯示」。

③：「周天、六十四卦方圓規矩圖」為有「定律、法則」的循環於：「圓規六十四卦圖」與「方矩六十四卦圖」有「不同等排列組合」的「運用範疇」，故：六十四卦，可以「學而致知」。

著者：林永昌　　出生：一九五五年　高雄

著作：一九九五年　武陵出版　易卜神卦

簡序：

〈一〉：「易經六十四卦相」，啓始于：「中土伏羲聖人」，徹知萬象而作卦，以表萬象之符號，併有「連山易圖」用以「數術」，卦相符號即顯現於：「陰」、「陽」之數。

〈二〉：「易經六十四卦相」有史記於：「夏、商、周」，實則更早於「革卦」、「股(蠱)卦」，卦象辭皆載有遠古曆法，即：「十日太陰曆」有「十日」紀元推演「十日之期，重重治」。

〈三〉：易經錯了幾千年，本人於：一九九五年修改為「天象學理論」，於今年二〇二一年出版。

〈四〉：「易經原辭」全皆錯用其辭，歷代名家論述：千篇一律：「看辭說故事：胡扯了幾千年」。

〈五〉

：易經六十四卦是䷀乾天100％空有質能量中。創造出5％巽卦的星系世界，本論于六十四卦每一卦皆迤卦象解讀天象，各卦皆有不同觀論。

謹

〈一〉：宏揚華夏固有文化，「易經六十四卦」宇宙觀卦論。

〈二〉：易經錯了幾千年：演繹「連山易數據」、「歸藏易角度」、「周天易循環」，三易之：「制、數、度」：乃「宇宙萬象」迤循「陰」、「陽」變易于：「☰☰乾」、「☴☴巽」大太空，倚「循規蹈矩」於「星際定律磁場變易法則之總體相理論」，依「磁場相節磁乎」陰陽對應于：「伏羲先天六十四卦陰陽對錯平」伏藏著：「不易之道」、「簡易之理」、「變易之法」。

〈三〉：本論著作為「宇宙觀卦論」，即蘊頤「說卦傳」之「八單卦象徵」，「卦爻有倫常」，論斷：「人事地物時占卜運用法則」。

〈四〉：二篇之策、三極致道、四點定位、六爻重卦、十有八變而成卦、八八互旋，磁應陰陽六十四卦符號，乃「宇宙觀卦論」。

林永昌　謹識于：2020.11.15

中國　台灣省　高雄市

巽卦目錄

第一章・巽卦

序

【巽卦】

〈一〉：☴☴巽卦：雙重巽訊，上下兩方通訊，其卦相主述：「高科技」有「精準校調儀器」，可以「對外校調」並可「顯著于儀表而可觀測」，即濟有「穿越功能之利用於：軌儀之達任」。

〈二〉：☴☴巽訊：亦即，「傳遞測量訊信的收、發」，「訊」為：「空中波頻」，亦稱：「頻率」，功能甚廣，隨「巽頻」各種「波率」傳遞「高科技訊號」，依循科技使用頻率運用于：「互可接通」或「不可接通」，即濟象曰：「隨風巽」，均咨迤審名位行事。

【註】

審名位：即相對互設頻率波段之各種不同波頻以相互利用于通訊之縝密作用，曰：審，名位。

◎易繫下五章：

【本論】

〈三〉：尺臥之屈，以求伸治，攏併之執，以求引治，畜屯伸引之數，致用治，利用其伸，引從得治，擴衍嚮應，未致而知治，窮伸致引，得變易陰陽奇偶，亨。

〈四〉：此易繫下五章：

【本論】

「尺臥之屈」、「攏併之執」，乃「伏羲先天六十四卦相」之：「䷸ 巽大太空之星系磁場」互有「節隔（ㄐㄧㄝˊ）」，且「時間」與「空間」之「有差異」於：

①：「磁距不相同，引起異同，同異之不同卻同軸的各有運轉時空」。

②：其「同異」磁孚現象而有異同時空。

【註】：

地球南、北兩極之「永晝」與「永夜」，月球之「十四晝日」與「十四夜日」，皆因磁場「節」、「隔（ㄐㄧㄝˊ：間隔ㄍㄜˊ）」，不同，而產生「晝」、「夜」期之不同。

①：「☴☴巽卦」，即濟：「☰☰乾天」創建之「☴☴巽空星系世界之，存在於第四度空間之：可觀測世界」。

②：「伏羲先天八卦」重「六十四卦」，符號僅：「陰」、「陽」，而數據變易于：「連山

易數」，一陰一陽：「二合為一」而「生三」，乃「連山易數：以二用三成一單卦」方能以「三」變渙出「八單卦」，每單卦各有「陰陽之不同位」，由：「三」而有「八」，故「陰」、「陽」卦相，由「二合一」而生「一」，「一」則「三」，「三和成一單卦」，乃「連山易圖」的「變渙數理」用於「六十四卦陰陽兩符號」，用「二單卦」：三爻重三爻成：六爻一卦相。

③：而「十有八變而成卦」，以「八」用「六」，六爻揲之用「四」，「四盈而成易」，乃「連山易圖」伏藏著「六十四卦符號」可「變渙數理」於「符號」之「卦相學邏輯」。

④：其「邏輯定律」，以「三和定軸成一單卦」，呈顯宇宙萬象：「陰陽必需用：三和定軸定律」與「六爻必需用：四和陰陽定位」。

⑤：故，易繫上九章：「歸奇於扐，以象閏，五歲再閏，故而再扐而後閏。數：七七四十有九，陰陽分而為二以象兩(陰陽兩極)，卦一以象三(三爻成一卦

三爻之陰陽而生八卦)，揲之以四以象四盈(六爻中，揲其四可互約成一六爻卦，分成：天位卦、人位卦、地位卦)，四盈而成易，八卦而小成，引而伸之，觸類而長之」。

〈五〉：由此觀見：〔伏羲先天八卦圖〕為「陰、陽」，以二用三的：數理變易，其「數理變易法則」，即濟于：「䷸巽卦」有「異同」、「同異」之「差異」。例如：飛機飛行速度與行人走路速度，即濟呈現：「同異」之「時空差距」。

〈六〉：「伏羲六十四卦」相僅「陰」、「陽」，而其「數」用「簡而易之」，簡而易，觸類而長之，數理之變易在「陰陽爻數」，而「爻數之變」在「卦相卦數之可重重變生」，「䷺渙卦六四爻：渙其穹，元輯，渙其轇(ㄐㄧㄡ)，匪夷所思」。

〈七〉

：「䷸巽空」不僅是「☴訊巽」，更顯示：「䷸巽空各星系在第四度☳震卦空間中」，已產生無可計數之：異同、同異，各有：來、往，之不等同「時空」，且「䷸巽卦」之「時間軸」與「空間場」是：「可變渙之：磁能量場」，存在于：「䷸巽空大太空間」。

【本論】

已載述：「磁場空間乃：螺旋狀運轉于共磁之場能結構」，「䷸巽空之場能結構」，可經由：「場能力產生更強烈的：擠壓效應，產生：穿越現象」，極至「超越十度空間之互磁于：同步、同軌，共磁效應的：場能力穿越作用」，穿越「巽空之時間場能量」與「空間之場能量」以「尺臥之屈」與「攏併之執」掌握其：「點」對「點」的能量收集運用于，「擠壓」：時空之高磁能量力，如向一塊海綿，測定其一點對一點的能量擠壓穿越：「䷸巽空中的時空場作用，即濟：穿越」。

〈八〉

：「穿越」只是「一個點」對「到達另一個點的空間穿越」，集中一區域的「時間場能」與「空間場能」超越其平時運轉之速率能量之倍增數十倍能量磁能場質，即：「壓縮䷸巽空」之場磁綿體，「擠壓」令「時空呈現壓縮現象」，即濟：「穿越」于「先天六十四卦相」之「雷火豐卦」與「火山旅卦」載述著「外星系科技人」已來到地球，一順利離去，一無法回程兩種卦相人事之載記「上古已有：高科技人來往地球」，是「地球上外星旅人最多時刻」。

〈九〉：「䷸ 巽卦」伏藏著各大星系運行各自時空的星系大整體場能量場，大星系或小星系互磁共旋，創建出：行歷生、滅之時空過遇。

◎序：五十七卦 ䷸ 巽風卦　巽木八純卦

〔象徵〕：

䷸ 上下皆巽，中爻互約 ䷥ 火澤睽卦，巽信為傳輸訊息信號之卦，巽：「遜」，「順伏」，由外來而入於內，「傳播」。

雜卦傳：「兌見而巽伏」，巽為「順從」、「深入」、「流動」、「颶急」、「貫徹」、「波折」與「巽風」等等，傳遞生命訊息、物質巽入、植殖繁衍皆是、「䷸ 巽卦象徵」。

「☴☴巽巽」亦為「互相通于往來門戶」，巽卦即濟：「出、入」，時空之門，稱「巽門」繁衍之門「牝門」。「巽卦」主顯：「傳輸與出入傳遞一切可播、殖之元素」。

「☴巽空」居「☰乾天之太空」，成為「隱象能量」，「養剛於顯」、「養柔於隱」，「☴巽卦」為「☰乾卦」其三變：「☱澤」、「☲離」、「☴巽」，三變極反之位與「☷坤卦往上第三變」至「☳雷震卦」，極反而變異位立定成「先天八卦圖」與「先天八卦數」，「☰乾由上左而來至☴巽」，「☷坤卦由下右而上變三爻至☳雷卦」。

雷☳巽☴極反易位反立而成旋形順行，且「先天八卦圖」仍保留：「☰乾上左向下變三成☴巽卦」，「☷坤下向右上變爻成三變爻☳震」，兩卦極三變而極反「互易立呈」：「先天八卦圖」在「順、逆」中，易立成順「☰乾卦順轉至☴巽卦」而「內互兩極陰陽」呈：「太極」。

【註】：火天大有卦C圖示

「☰↓來」、「☳↑往」，陽來、陰往，乾陽來、坤陰往，交姤在「人位」(兩卦乾坤來往象)。

【註】：上述B圖即濟「☴交錯在☴巽順承，而☳雷動乘」。

【註】：先天八卦來往互互交錯原圖示

《C圖》

《D圖》

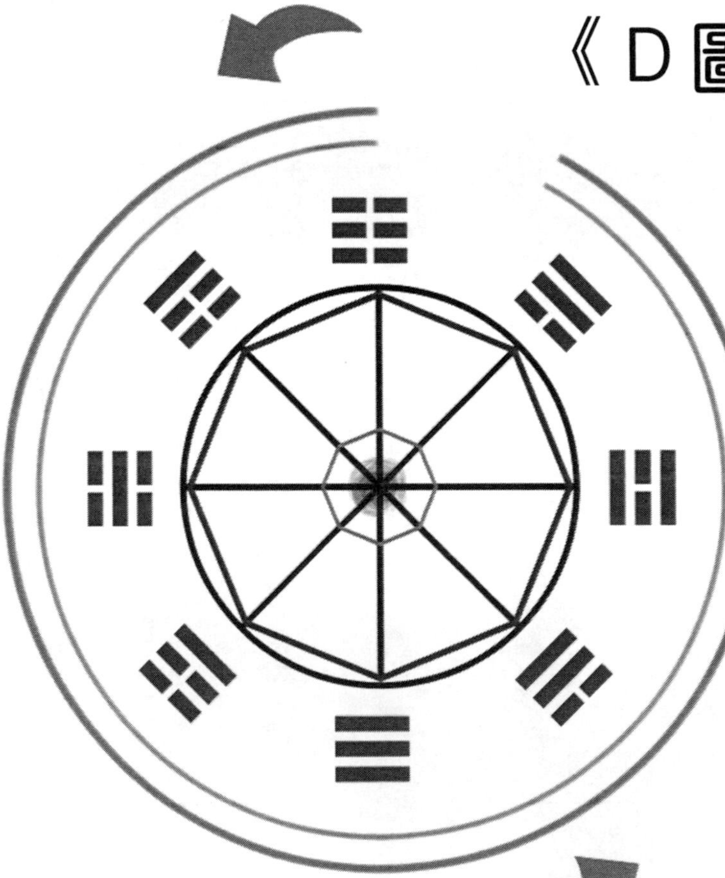

◎䷸巽卦性情：

䷸巽為風，為「宇宙任何物質」可架構變易的「出入之門」，亦可稱謂：「時間可以與空間共構：穿越成對應能原力場」，即「宇宙空間柔似海綿，施力壓縮點對點極對穿越」以「☴巽」對「☴巽」接攏壓縮「施力」與「受力」，易繫上十章：「是以均咨將有為也，將有行也，知焉而以動，其受命也如嚮，无有遠近幽深，遂知來物，非天下之至精，其孰能與於此」。

「施力」曰：「榫」；「受力」曰：「卯」，宇宙時空對接，遂成天地之交。

☴巽卦顯中以「空」，隱中以「力」，雙☴☴巽之門，一入、一出，亦稱：「出入宇宙對應時空之門」。

◎☴☴巽卦示：

☴☴巽旋即是「泓」旋，不論「左旋」或「右旋」與「先天太極八卦圖陰陽、左右對稱互旋乃不同等作用力」。

〔見C圖〕

①：〔C圖〕是「中心點」即濟分軸左、右陰陽對稱等力同軸同輹同巽而分列「兩極同旋」，產生物質元素陰陽對應而變化萬物化生。

②：〔D圖〕是〔C圖〕的〔外層結構相〕，亦是由「☰乾天向左下旋」而「☷坤地居下向右上旋」，

「中心軸立定一太極，太極呈現：四象」，立定以「三」為「一單位」，即整體宇宙均可「立定：上、中、下」與「左、中、右」，易可立定「一體相移動」乃至「多體相

運動」，其運動力皆緣由「中心軸」迤邐運轉「軸轂向外擴展之現象」，共構「內」、「外」不偏離「中心軸轂運動」，產生：「泓漸向外之擴展力」，此擴展力在「卦中有陳述」是：物質能量元素創建外圍新世界因緣，「䷴風山漸卦九五爻」：

〈一〉：「泓漸于陵，復參邃佈緼，終莫知乘，籍，象曰：「終莫知乘，輯，得索遠也」。

〈二〉：䷴ 漸卦上九：「泓漸于睽，其輿(軸輹)可用為儀，輯(編輯其籍)」，象曰：「其輿，可用為儀，輯，不可亂也」。〔詳見風山漸卦〕

◎ ䷸ 巽卦象：

雙巽卦以 ☴ 巽為上卦，後尚有待晉之卦：「䷺ 風水渙卦」，「䷴ 風山漸卦」，「䷓ 風地觀卦」，為「☴ 巽居上卦」連結卦。

故：「䷸ 巽風旋卦」亦是「創建」之卦，為：「出」與「入」的「時空互通之門」。

☴巽風是「空中有物」，有「可測」與「不可測」，觀之「無物」而「物居其間」，波頻乃其中之一，亦因各種波段頻譜繁不可計數，涵括「光波」、「音波」、「速波」、「微波」……等，以「不同等科技」造就「不同等波率」。

波頻是「傳播媒介」，「巽」通：「訊」、「信」、「遜」，「單「☴巽」曰：順、和，「雙巽曰：疾、漩」。不論「單」或「雙」皆可傳播生命訊息，而在物質、物理上之反映則是占、卜卦示中另有其象事占示。

第二章・巽卦辭・彖辭・象辭

〔易經原辭〕

◎ ䷸ 巽風卦卦辭（節錄易經講義）

巽㈠，小亨，利有攸往，利見大人。

〔新註〕

㈠巽：是入，象風。一陰伏在二陽下，性能巽入。（本義）

〔新譯〕

巽卦是能入，一陰伏在二陽下，柔順有風象，以陰為主而從陽，乃兌柔在外是用柔，巽柔在內是性柔，所以小亨，而利有所開展，必知所從而從，才得順正，所以有利見大人之象。

〔集註〕

船山易內傳：能慎於進相入，故為人也，柔順修謹，欲依陽而求相入以成化，巽之德也，陽且樂而受之，是以小亨，陰雖入而剛不失其中，剛柔相濟，往斯利矣，大人謂二、五剛中，德立並隆者也。

本論天象辭：以本論為準

【本論】

【䷸巽卦卦辭】：

「巽，校亨，利，牖攸往，利建達任」。

〈一〉：「䷸巽卦辭」：「巽，校（ㄐㄧㄠˇ）：校對核正；亨：亨通」，「利，牖攸往」，「利建，達任，建構達到任務」。

【釋】：

☴巽為輔之器，䷸重巽，相輔曰：「器」、「具」。校正核對以亨通達，利於開通，啓發，往有攸利，利建呈：「達任之執行」，巽信為「訊」，重巽乃：「一發」、「一收」，「收發」即濟：「闢」、「闔」，天地創建之使命，「校亨，利牖攸在，利建(創建)，達任」。

〔易經原辭〕

◎ ䷸ 巽卦彖辭（節錄易經講義）

彖曰：重巽㈠以申命㈡，剛巽乎中正而志行，柔㈣皆順乎剛，是以小亨，利有攸往，利見大人。

〔新註〕

㈠重巽：上下都順，重有重複之義。（程傳）

㈡申命：申復他的命令。申：有重複叮嚀之意。（程傳）

㊂剛：指九五。（本義）

㊃柔：是說初、四。

〔新譯〕

彖傳說：上巽下又巽，是上下都順之義；上順道以出命，下奉命而順從得了。陽剛居巽得中正的道，而志在順乎中正的道向上行。又上下的柔，都順從陽剛，其才如是，雖然內柔，可以小通達。

巽順的道理，無往不能入，所以利有攸往。順而知所從，能順於陽剛中正的九五，就利，所以利見大人。

〔集註〕

船山易內傳：巽有二義，自陰而言之，則自下而柔順已入合於陽。自陽而言之，則剛得中而以柔道下施，入物而相勸勉。……重巽者，初以柔施，而四又申之也。承剛中之道，柔以下逮，愚賤不可卒喻，申命而後能入民之隱。……柔皆順乎剛者，慎以進而不敢干。……內卦三爻皆下順上之義，外三爻皆取上施下之義。

本論天象辭：以本論為準

【本論】：

䷸巽卦彖辭：「重巽，倚伸旻象，剛，巽乎儀校而秩行治，柔皆順乎剛，適迤校亨，利，牖攸往，利見達任」。

〈一〉：「䷸巽彖」曰：「重巽倚伸旻象」曰：

「重巽倚伸旻」。「重(ㄔㄨㄥˊ)：重重，複合為二」

巽倚伸旻，上☴巽為「來」；下☴巽為往，

重巽即互有來往，其來往功能倚其頻率磁波能量之延展使旻而成，剛巽乎儀軌，而秩行治，柔，皆順乎剛，適迤校亨，利，有攸往，利建達任。

【註】：「旻」即「巽大太空」。

【釋】：

①：「重巽」：雙巽並齊，一上、一下，中有間距，重巽乃「雙巽空」進退、出入必需「定準」：「時間」、「空間」以「開啓對應門戶」，曰：「時空之門」亦稱：「巽門」，雙巽顯示：有可「往」與「來」之功能作用。

②：「倚，伸旻」：倚靠返復重伸明確定律，乃曰：「校，亨」，為「方向、位置」重複伸命校調至：「儀」、「軌」準確無誤。稱：「校亨」，從☴☴儀軌而秩行治，乃「伸旻校亨」。

③：「剛，巽乎儀軌，而秩行治，柔，皆順乎剛，適迤：校亨，利，牗攸往，利建，達任」：

「☴巽卦」：剛居上兩爻，柔陰皆為「重巽之初陰，陰倚隨陽動，重巽校儀，皆居陽位」以上☴巽為大「九五為尊」，各爻依秩順乎剛之行，剛爻是「倚：校，亨」，利「牗攸往」，乃至

「利建開發宇宙先進科技之達任」。

〈二〉：「☴☴重巽倚伸旻」校亨「儀」、「兑」，倚校調伸（不斷反覆校調至精準無誤），利牖（牖：ㄧㄡˇ開通、啟發），攸往，利建牖創達任，皆敘述「高科技文明」倚其科技向「外星系世界發展，建立其探索世界諸方」，「有可值得開發和研究」且是「有秩序的倚伸旻校亨，利，牖攸往」且已有完成之顯象。

〈三〉：「☴☴重巽」顯示「兩個世界校調利牖攸往」以「九五上卦正，中尊爻為主」，倚其校亨「儀載之而秩行」，示現為「䷸雙重巽卦」為：「有時空距離間隔差異」，故：「校整以：儀兑軌」乃：倚「伸命」為「中繼轉濟站」，「伸：延伸傳遞巽訊功能之擴展」。

【註】：

〈一〉：中國易經六十四卦，早已紀錄「史前有超高等文明科技」可以「穿越宇宙時空間隔」。

〈二〉：「儀軌」：「儀」：模範固定的模型標準。

〔易經原辭〕

◎ ☴☴ 巽卦大象辭（節錄易經講義）

象曰：隨風㊀，巽。君子以申命行事。

〔新註〕

㊀隨風：兩風相重是隨風。隨是相繼之義。（程朱）

〔新譯〕

大象說：兩風相重，相繼以順的現象，即是巽。君子人觀察此象，而來申復命令，執行政事，使上下順理，上命合民心，而民順從了。

〔集註〕

船山易內傳：巽之為風者動，氣者，陽氣也。陽氣聚於外，薄陰在內，陽不得入而陰弱不相激，則陽乘機動，往復飄聚，而股盪以行焉。聚而行於此，則彼虛陰乃乘之以入，莊周所謂厲風濟則為虛也，虛而陰入矣，入而和則晴雨平，物彙昌矣。隨風著，前風往而後風復興之謂。飄風則不相繼，故不能終朝相隨以平息，(非)風之柔和者也。故莊周曰冷風則大和，君子之將欲興民以有事，命之又申命，其使不迫，其繼不厭，期於入民而事以集，如風之相隨。

本論天象辭：以本論為準

【本論】

【䷸巽卦】：

〈一〉：象曰：「隨風巽，均咨倚伸旻行事」，〔註：伸：延伸，旻：旻昊之天〕。

【釋】：

①：「隨」：跟隨，「風」：旋轉呈現之口，旋風巽旋成一風動穴口，「巽」：巽旋即「巽入」，

跟隨著疾旋中心成一穩定狀態的進口，隨巽入於內，〔註：伸旻：延伸旻昊：據時而行〕。

②：「均咎」：均為「來、往」有相互同等值量之：「可互通」曰：均咎。

③：「倚伸旻」：在整個系統運行中。仍要倚靠返復重伸于旻昊巽天空中，依軌行事不越，曰：「均咎，倚，伸旻行事」，〔伸：遀行〕。

〈二〉：「隨風巽(入)，均咎，倚，伸旻行事」，顯現「卦辭」，「彖辭：校亨，倚伸旻，剛，巽乎儀校，而秩行治，柔，皆順乎剛，適遀校亨，利有攸往，利建達任」，整體觀見：「重巽」：倏倚重巽之柔順乎剛之于外，柔而秩行，倚隨風巽入，校調審密重巽對接儀軌運循，「☴☴巽卦」亦即濟：「磁孚運動」。

〈三〉

：「☴☴巽卦」錯卦成：「☳☳雷震卦」，「先天八卦圖」中，「☳雷」、「☴巽」乃「互易立位之卦」亦是「陰陽兩極變爻極三而反陰陽之卦」，☴風、☳雷，極三爻變而互易立位，故：☳雷、☴巽，兩卦于「先天八卦圖」中之「互易立位」，而產生「左旋」與「右旋」又

「上」、「下」不同位與不同位之「順」、「逆」磁巽中持恆「☳雷☴巽交易磁電場」生呈星系為「磁孚共構陰陽互旋交易于中」之現象。

第三章・巽卦爻辭

〔易經原辭〕

◎ ䷸ 巽卦初六爻辭（節錄易經講義）

初六，進退㊀，利武人之貞。象曰：進退，志疑㊁也。利武人之貞，志治㊂也。

〔新註〕

㊀進退：或進或退，不知所妥。（程傳）

㊁疑：疑惑恐懼。（程傳）

㊂治：修立。（程傳）

〔新譯〕

初六以陰柔而居卑巽不中，處最下而乘剛，過於卑巽，或進或退，不知所從。利用武人的剛貞來確立他的志。

小象說：或進或退，不知所從，是過柔而意志恐畏不安。利用武人的剛貞，可以修立他的志了。

〔集註〕

船山易內傳：陰起而入陽，進也，在下而柔，退也。初六陰欲入而未果，故為進退不決之象。……志治者，陰屈下以求入於陽，所以受陽之裁成而成化。

本論天象辭：以本論為準

【本論】

〈一〉：「䷸ 巽卦」初六：「利用進退，巽旋擬置，任恒兑，臻置，（置臻）」，象曰：「進退，置擬治，利，任恒置臻，制，秩治」。

【釋】：

〈一〉：

①：初六：「利用進退」：喻雙巽乃可進與可退，均咨互通彼此的穿越時空之器。

②：「巽旋擬置」：外八卦與內八卦之巽互旋，磁場聚擬置「中心軸輹」。完整結構一大星系之運轉主軸，且帶動所有星系貫籍恒常運行。

③：「任」(ㄖㄣˊ)，「恒兑」：任務，磁任衡動。

④：「臻置」：到達完成任務，磁恒範常。

〈二〉：象曰：「進退，置，擬」(ㄋㄧˇ)：聚集，治(ㄧㄝˇ)：不斷創建」，利，任恒置臻，制，秩治。

〈三〉：

①：「䷸」象曰：「進退」乃「循環往復」。

②：「置，擬治」：星系定位，置磁運轉，治：造就。

〔註：治(ㄧㄝˇ)：創建，擬置互巽：治〕。

③：「利，任恒置臻」：攸利，星系磁恒共構，運循衡恒，倚其結構互磁定位定軸曰：置臻。

④：「制，秩治」：制：法則，制宜，秩：制、數、度的秩序、規矩。(依循科技程序制量)。

〈四〉

：「☴☴巽卦」之綜覆「四重卦」顯現☴巽空中各個星系運轉時空各自不同，而其磁定皆由「恒星大磁場所吸引而定軌運動公轉」。行星之「陰極隨」恒行陽極磁力而陰隨陽動」，行星本體相之「陽極」亦「吸引恒星一部份之陰極」產生：「自轉運動」，且各個星系之定軌運轉尚有「外在星系之陰陽磁應產生每個行星之：傾軸定位」，此亦由：「三分磁場」立定于：「三和共構磁場定位的：三和體相」。

〈五〉

：磁場陰陽兩極本有「斥：互斥力」、「合：(吸引力)」、「和：定軸磁力」，三等磁場陰陽能互動于：「斥」、「合」、「和」而產生相互運動於「定儀」、「定軌」中，對應一大星系之共同架構「磁場磁孚運動」，行履☰☰乾天大太空之「十日太陰紀元之軌儀」，此星系運轉律循法則，即是：「十日太陰曆紀元法」。

〈六〉：「☴☴☱☱」四重卦之中兩卦乃：「☴☱風澤中孚卦」，中孚卦中有「矩圖用隅位八卦圖：由天地否卦一八至地天泰卦八一共八卦呈現」。（詳見中孚卦）。

〈七〉：而「四重卦」的「上☴巽」與「下☱澤」兩卦亦是：「☴☱風澤中孚卦」，此「四重卦」顯現宇宙各大星系之「內宇宙」與「外宇宙」皆各別有運轉架構之軌儀「衡磁運轉」于固定儀軌之中。行履各自不同的「時空定律」，此即濟：「十日太陰曆之☰☰乾太空中」有十日之：異同，與：同異之星系，運轉于「十方」宇宙空間分界為「十界」，而可互通于：「十度空間」之：「无有遠近幽深，不行而至，不疾而速」，乃世界皆有「十日聚會」之傳說，而「十日太陰曆」唯華夏「易經連山易與卦象符號，以角度距離可測」。

◎圖A：「☴☴巽卦」四重卦：☴☱☴☱，循環卦相：

《巽卦四重卦循環圖：圖A》

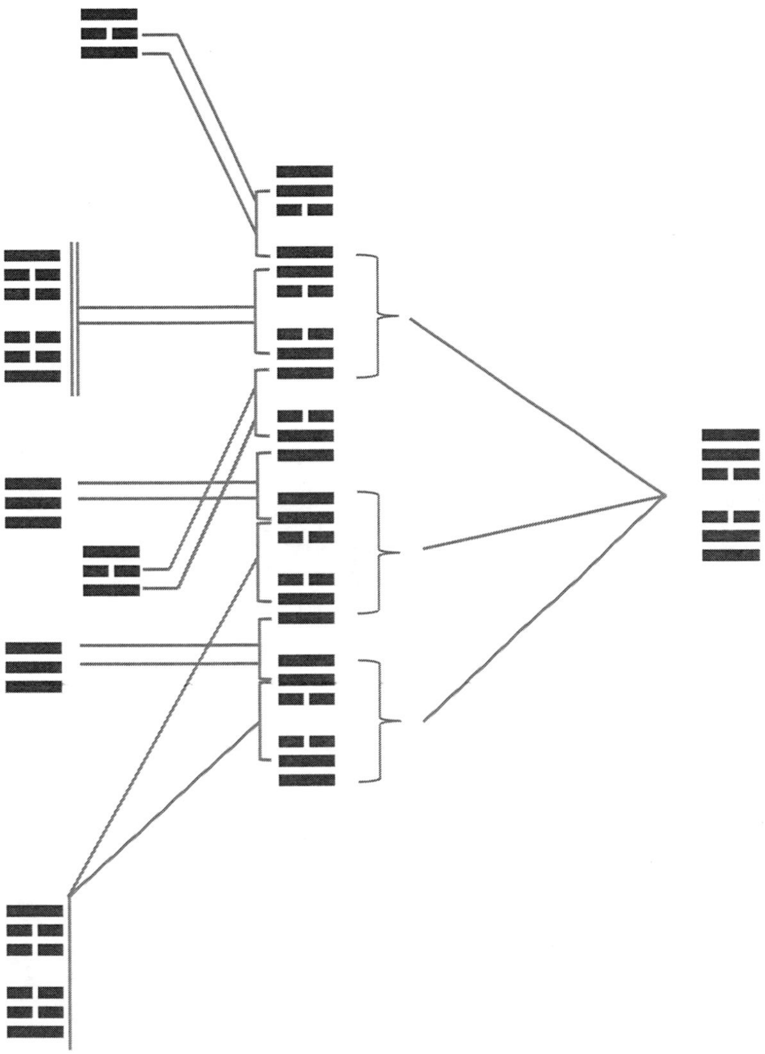

【註】：

〈一〉：「十方」：乃謂宇宙星系各有☴☴巽空之方位。

〈二〉：「十界」：各有☴☴巽空方位，且各有界限間隔分域，各自于其界限內共磁運動。

〈三〉：「十度空間」：十度空間涵括甚廣，簡述以「空中不空」，十界，皆可對應與行履，且各有生滅法則定律，以「十」為「單位」，分則「十」，「合」則需用「三」，「☳震用四為：三加一體相」，「四」即：☳震卦：第四度空間，唯相、唯物、唯心、唯識，乃「人」與「可觀測之宇宙星系世界」，各空間之萬象生命皆以「三和為一體相」，即：「靈」之第十度空間，「覺」之「第九度空間」，「識」之「第八度空間」，「六」、「七」兩度為「靈、覺、識、需」的「四和空間生命」，存于「四」、「五」、「六」、「七」等四度空間中，

☴ 巽卦乃「第五度空間」稱：「靈魂、神識、无相、之生命」亦連結于：「四」、「五」、「六」、「七」度空間，簡略述：「十度空間」亦是：「可共構生命體相之有分列形態之各度

空間」，用：「十」為「眾多之意」。

〈四〉

：然皆存在「䷸巽卦」空有之中，涵括「離光之生命」亦存于「䷸巽空而有」，十度渙化于「100%䷀乾天大太空間」，任何元素未應之前，于䷸巽空中皆各別分列于「十」度之中，統稱：「十度空間」：「易繫：无有遠近幽深，不行而至，不疾而速」即是：「十度空間中，有可渙化之超高智慧體相之生命」，亦不離：「十靈」、「九覺」、「八識」之：「三和成一生命體相」，可渙化行歷十方、十界與十度空間，呈現「一超高智慧體象」，然不離于：「生滅之：輪迴系統定律」。

〈五〉：「☰☰乾」、「☴☴巽」皆「空有」萬象之「空中有象」之世界中之「超高智慧生命體」，「☴☴巽空」僅居「一百分之五」。

〈六〉：「☴☴巽空」乃次於「☰☰乾天空」之各方各界之總和「空有之整體相」，其「☴☴巽空之有相」亦循環于：「☰☰乾天」之中。

〈七〉：故：伏羲先天六十四卦相法則：有「十日太陰曆」的「十日儀軌運行法則定律」。

「䷸巽卦」象曰：「隨風巽，均吝迤伸旻行事」，乃即濟：䷸巽空有「十」之象。

第四章・巽卦九二爻易經原辭

〔易經原辭〕

◎ ䷸ 巽卦九二爻辭（節錄易經講義）

九二，巽在牀㊀下，用史巫㊁紛若㊂，吉，无咎。

象曰：紛若之吉，得中也。

〔新註〕

㊀牀：人所安舒的地方。（程傳）

㊁史巫：通誠意於神明的人。（程傳）

㊂紛若：多的意思。（程傳）

〔新譯〕

九二陽剛居在巽柔之下，有不安的樣子。牀是人所安舒的，牀下是過於巽（柔順），過於所安的，人的過於卑巽，不是恐怯，即是諂悅，這樣都不合正道。但如史巫，通誠於神明。紛若是多，即以至誠安於謙巽，使通其誠意者多，就吉祥無有過咎。是說誠足以感動人，人不察明他的誠意，就以過巽爲諂了。小象說：紛若以誠意多的吉，是二實剛中，雖巽體而居柔，過於巽而不邪，乃守中道的。

〔集註〕

船山易內傳：用史巫紛若，則疑於太屈，而剛固得中，雖求陰而不自失。

【評論】

〈一〉：遍觀數千年來易經著作，已經全部在「照原辭說故事」，將數千年來的「史事」套用入「易經」，各自表顯個人對「易經原辭」以「擦脂抹粉」方式「美化個人見解與對易經原辭之表述」，已失去「卦相」、「卦法」理論。

〈二〉：「䷸ 巽卦」九二爻原辭眾家之解釋為：

「巽在牀下」，就以此一辭，已令眾專家不知其所云何為，下一句：「用史巫紛若，吉，无咎」：又如何作解為「史」與「巫」和「紛若」，真有不知其所云。

〈三〉：「易經原辭」數千年來，諸家皆以「連山易失傳」、「歸藏易失傳」而不去研究「連山易圖」伏藏著「陰」、「陽」卦相之「數字密碼」，卻一味在吹捧「無所知其由來之卦爻辭」，確實令人「匪夷所思」，無非只為「個人成名就業」之「不知事從為何」。

〈四〉：詳觀數千年之所有「易經大作」，無一不是「照辭解字」，嚴重程度已失去「伏羲先天八卦圖」之由來與否，更將「連山易圖」置之無解，而以之

「用史巫紛若，吉，无咎」。〈五〉：「伏羲先天六十四卦」僅止于「陰」、「陽」兩個符號，必需「解碼：連山易圖」的「數字運用邏輯」，方能以：「陰陽兩個符號：以二用三成為一個三爻單卦」，有「三」為一單卦方能演繹出「伏羲先天八單卦圖」，而其「☳雷」、「☴巽」交易之理論，詳載于：「☲☰火天大有卦」與「☳☰雷天大壯」兩卦之「四正」與「四隅」共構八卦之「☳雷☴巽互易位立」，形成宇宙星系共構磁孚之理論，唯有顯現于

「華夏六十四卦文明之中」，且「易繫原辭」亦保存甚多宇宙天象學理之理論。

〈六〉：「䷸巽風卦」之「雙巽旋」，即濟：「䷼風澤中孚卦之卦相」，「五五雙巽」、「五二亦雙巽」，兩卦理象互通，而又各有顯相。

〈七〉：「陰」、「陽」是「兩極正負之符號」，兩爻乃「⚋」、「⚊」，無「三」不成卦，成三謂之「卦」，「三」、「三」而「六」謂之「重」，重卦非僅止於「二重卦」，卦相運用可致：「四重卦」為「基本卦相」。

〈八〉：「伏羲先天六十四卦」：是闡述「陰陽重卦之天相」，毫無牽涉以下重點：

①：「無任何宗教信論」。

②：「無任何迷信，以迷惑眾之論」。

③：「宇宙萬象為：有原理之理論」與「十方」有「十界限」，併存在「十度空間」之「有異同、同異」之十度空間生命論。

④：「有星系循環往復」之「輪迴論」。

⑤：星系即有「來」、「往」之「返復」則有「來」之「原由」與「往」之「去處」，乃循環于：

來與往之自然論說，「十方」、「十界」、「十度空間」、「生命之靈、覺、識」等，「三和共構體相」，另載述於「占震另有六十四卦」之卦相論。

⑥：所謂之「鬼」、「神」乃「異度(十度)空間中，非人類視覺所能觀測之生命三和體相」。

⑦：「鬼」、「神」於「十度空間」論述中載述，並與「宗教」或「迷信」不相干。

⑧：「生命」即濟：「靈」、「覺」、「識」、「需」之「綜合體相」，乃「卦象有：

陰、陽，兩極分列，如同星系之有循環于生、滅之法理論」。

⑨：「䷸巽風卦」即濟：「空有：空中有象」。

⑩：「易經六十四卦」即是天象：為「䷀乾天大太空論」，不是吹捧「聖人」或「君子」、「小人」之記述，歷經數千年來的朝代多人加註，錯成人事占卜之書。

⑪：「先天六十四卦規矩圖」是「陰」、「陽」符號組合而成，即是：「宇宙天象說」，故，並無：帝、王、聖人、君子、小人之論述，此種錯論，

乃錯自易繫上九章與「易繫下九章」的「錯誤論說」主導了「易經原辭」之錯了幾千年，皆緣下繫「第九章」的錯誤論點。

⑫：「☴☴巽空」是「星系的宇宙世界」生呈：「生命」、「物質」的基本存在觀論，是「哲理論」並非「宗教論」或「上帝論」或「神創論」，而是「自然元素能量聚合論」切不可以「宗教」，「迷信上帝創世」或「諸神創世」而造成各宗教誤導人類進入「迷信其經典」所載述的「迷信神佛萬能」之論說。

⑬：華夏文化博大精深「伏羲先天六十四卦」之數理，啓始于：「連山易圖」之「變渙法則」，不知「連山易數之變渙定律與排列規矩」，則無法得知「易經六十四卦」是「高深的華夏數字變易邏輯論說」且「可通萬物之靈」。

⑭：「䷸巽空大太空」括囊：「十日太陰曆法」十日紀元之年限與「十日生滅八法十相」，用「光」傳遞「生命、物質元素之功能效用」，「光」乃「星系連接時，相互將：生命、物質、元素能量」，以「光」之「熱」、「磁」傳遞

于：「十日」連珠互相傳遞。

故，世界皆有「十日」傳說，而「十日太陰曆法軌儀」則在「中土」，成為「十日傳說」此並非傳說，而是「十日太陰」曰：顯「六」藏「四」，用「六」乃：「以七用六」，而「陰陽是：以二用三」，故「七三等於十，六二基數等於八」，為「十」有「八變」而成卦之數據，且伏藏著：「四十三度角的運轉模型」，行履于「☰☰乾天大太空中之有：軌儀」。

【註】：

〈一〉：四三卦相：「䷶雷火豐卦」，豐卦卦辭：「豐、亨、往轇極，務畜，迤時敻（ㄒㄩㄥ）治」，敻（ㄒㄩㄥ）：時間久遠之象；轇（ㄐㄧㄡ）：交錯縱橫，寬廣遼闊。

〈二〉：「連山易數」即濟六十四卦數理，且其運用法則極致「三百六十度角度之任何角度變化」于六十四卦中，皆附合卦爻辭之解釋天象用辭〔以本論辭為準〕。

〈三〉

：「䷶豐卦」本論彖曰：「豐，達治，顯（可見測）倚動（倚磁孚而互孚動）」故豐，往，轇極，尚廣治，務夐迤時治，賾（ㄗㄜˊ：深廣奧妙），造物相治，自中見測（可以三點定位觀測其相），陰陽盈闐，天地盈虛，與時消息，而況於期間，況於鬼神乎？

〔此用「鬼神」乃象徵第四度唯觀䷲震卦空間之外的其他不可見測的所有空間之一切萬象與生靈，緣其：不可測見，如：靈、覺、識，之五、六、七、八、九、十、一、二、三，共尚有九度空間，故䷶豐卦彖曰：「尚廣治」〕。

本論天象辭：以本論為準

【本論】

【䷸巽卦九二爻辭】：

九二：「巽在穹下，擁磁務籍，巽擬，碩磁務就」。

象曰：「賁(ㄅㄣ)絡致輯，得倚，重巽治」。

【註釋】

〈一〉：「巽在穹下」：九二爻與「九五爻」為「雙重巽之主爻位」，九二與九五兩爻，上有「上九爻之天位爻」；下有「初六爻之地位爻」，巽巽於「☰☰乾大太空中」互旋成：「一大星系體相」，☴☴巽巽之互旋「磁場不可測得，曰：有象而無相，雖不可見測，其能量自在」，自在☰☰乾天「空有之太空之中」，故曰：「巽在穹下」乃「☴☴雙重巽治」。

〈二〉：「擁磁務籍」：☴☴巽巽乃「內八卦」與「外八卦」左、右，互巽旋中，產生五行萬有「能量場」，立定「中心軸轂」，運轉☴☴巽旋「內」、「外」八卦位之「磁能量場」，亦由此巽旋出：「八八六十四卦之上下雙重卦」，乃「內八卦」與「外八卦」互旋成「八八相重六十四卦相」且「各卦呈現陰陽磁能量對等衡恒之：八卦相錯陰陽之理論」，磁場互應于「六十四卦」之各有陰陽之擁磁效應互旋，經由共構互旋䷸巽巽，自呈各個星系之：「各自輯籍」，互旋而「不踰規矩」。曰：「擁磁務籍」，共構「時」、「空」架構互旋乾天之中。

◎BA圖：互旋「時、空」，共構☴☴巽巽。

左右巽旋于

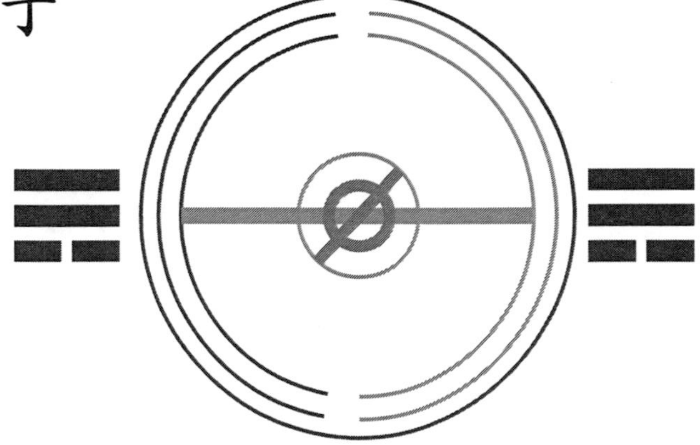

《中心軸轂》輯籍成時間磁軸

與空間輻輒，時空互磁共旋。

〈三〉

：「巽擬，碩磁務就」：☴☴ 巽卦雙巽互旋，乃「磁能之擬治」亦「巽磁陰，陽磁能量場本有之：斥，與：合，之 ☴☴ 雙旋互相：斥，合，所擬致」，而各個星系各自所擬致輯籍之中，卻又「共構于：擬磁相互定位之：磁和（和磁相互皆有）：定軸功能之作用力效應」，故曰：「巽擬，碩磁務就」，（共磁架構）。

【註】

①：「先天八卦」有「外八卦」與「內八卦」，每單卦皆由「陰」、「陽」兩爻，「以二用三」之理論，成立每一單卦「有三爻」，即：「無三不成卦」，其變化理論來自：「連山易圖」有「0123456789」來、往，對應，變渙：天一地二，天三地四，天五地六，天七地八，天九地十，等「變易數理」。

②：是故，「六十四卦」為「二重卦」，而「連山易數」乃「迤邐緜延」亦「周流返復」，卦為「二重卦」、「六重卦」、「八重卦」、「十爻」、「十二爻」、「十四爻」、「十六爻」……等等「互互變易其中卦象」。

③：「先天六十四卦」有「規圖排列六十四卦法則」，亦有「矩圖排列六十四卦法則」，排列法則不同，其用則不同，皆同于「連山易數之變渙卦相法，理，道」，需知：「任何變易，皆不悖：簡易，與：不易」定律。

〈四〉：䷸巽卦九二爻：「巽在穹下，擁磁務籍，巽擬，碩磁務就」，已顯現宇宙星系是：「共構磁孚定位之自然系統」。

〈五〉：故，易經六十四卦無「上帝創世論」和「神創論」的「迷信」或「宗教主」更無聖人，而是「華夏文明之：科學論」與「宇宙大觀論」。

〈六〉：象曰：「賁絡致輯，得倚，重巽治」。

【釋】

象曰：「賁絡致輯，得倚，重巽治」。

①：「賁(ㄅㄧˋ)賁卦，在此用：ㄅㄣ奔ㄅㄣ音」：賁ㄅㄣ：快速行動，且逶迤(ㄨㄟ ㄧˊ)不間斷，曰：「賁絡(ㄌㄨㄛˋ：不間斷)」。

②：「致輯：賁絡」而使「碩磁」致輯，成為：「一大星系結構」，曰：「賁絡致輯」。

③：「得倚，重巽治」：任何大星系之碩磁運動結構，皆必須得倚：☴☴雙重巽旋：陰、陽衡恒的功

能，創造治制其定位運轉能量。象曰：「賁絡致輯，得倚重巽治」。

④：☴☴巽是空有，巽是門戶，巽為「穿越之道」，☴☴巽即「牝門」，由「內」穿越至「外」。

第五章・巽卦九三爻易經原辭

〔易經原辭〕

◎䷸巽卦九三爻辭（節錄易經講義）

九三，頻㊀巽吝。象曰：頻巽之吝，志窮也。

〔新註〕

㊀頻（ㄆㄧㄣˊ）屢次。（程朱）

〔新譯〕

九三以剛亢的賢，而居巽順的時，是不能巽順的，勉強為之，所以屢失，小象說：以三的才質，本非能巽的，而上臨之以巽，乘重剛而履剛，勢不得行其志，所以頻失而頻巽，是其志窮困，可吝得很。

〔集註〕

船山易內傳：頻與顰通，三以剛居剛而不中，見陰之巽入，而顰蹙以受之，不能止陰使不入，徒吝而已，不通之謂窮。

【評論】

〈一〉：「九三爻」乃「陽居陽位」，上卦「☴巽之六四亦正居正位」，此兩爻在「卦相」學理上，是完全「正居得正位之爻」，正位並非「得中」。「得中」只是一種稱謂「二」、「五」兩爻居處於「中位」之稱謂，乃解卦用辭。

〈二〉：䷸巽卦九三爻諸家之解釋，已深受「易繫下九章錯辭：其初難知，其上易知」與：「二與四，同功而異位，其善不同，二多譽，四多懼，近也，柔之為道，不利遠者，其要无咎，其用柔中也」，

「三與五，同功而異位，三多兇，五多功，貴賤之等也，其柔危，其剛勝邪？」。

〔註：以上為錯用之辭〕。

〈三〉：以上乃易繫下九章錯誤之嚴重：定位了易經錯了幾千年的「爻位論斷錯誤法則」，諸家皆以：

①：「其初難知」。②：「其上易知」。

③：「二多譽」。④：「三多兇」。

⑤：「四多懼」。

⑥：「五多功」，來「定斷所有卦辭之解說」。

〈四〉：「六十四卦中」〔易經原辭〕之諸家論述，皆一同有此嚴重的「錯誤解讀」，其錯誤之嚴重貫通一整部「易經原辭」之解說，此錯誤更甚於：「易繫上九章」第二小節：「大衍之數五十，其用四十有九，分而為二以象兩，卦一以象三，揲之以四以象四時，歸奇於扐以象閏，五歲在閏，故再扐而後閏」。

〔正釋〕：閏日、閏月，閏時之扐，以用「奇」(ㄐㄧ：在正常運轉之時空外，多餘出來之時日，歸奇於扐，以象閏)。

〈五〉：易繫上九章：把「歸奇於扐以象閏」用到「五十支蓍草」的「占卜」錯誤解釋「閏」與「歸奇於扐以象閏」的「時空扐閏法則」。

〈六〉：「上九章」之錯誤僅於「用於占卜之錯解」，而「下九章」之錯誤，則令數千年來易經諸家解，「蒙塵而不明其究理」，嚴重到「全盤皆錯」的「全部錯用解讀易經」，且：「千篇一律」的「照辭解字」，尤其明顯在六十四卦每一卦中有「九二」就是：「臣」就是「賢臣」居下卦，伏於「五」，而「三多凶」亦是成為

「解卦」之「窠白」。

【本論易繫下九章】：

「其初晉之，其上剝之」與「二與四，同偶而異位」其用不同，二居中，四則一，乃擎于上治，迤柔中道，埠位任中，積位務就，剛用柔而居其中，三與五，同奇而異位，三居上而入于中位，九五極位，再晉一爲盈虧之數，而其尚有一治，五五互互乾坤，據爻通易之有則，功于揲扐用準，兼備矣。

【註】：詳觀本論述之：易繫上、下辭解。

〈七〉：九三爻與「上九爻」在：「䷸巽卦」中乃「同位之巽旋卦相」。䷸巽卦旋於：「左」、「右」之卦相乃居：「中四互卦：䷥睽卦」，睽：背(悖冶)，卦理已於九二解釋。

本論天象辭：以本論為準

【本論】

䷸巽卦九三爻辭：九三：「頻、巽、臨、履、咸、經綸治」。

象曰：「頻巽亟臨，乃過遇治，網羅大過，乃致穹治」。

〈一〉：「䷸巽卦」，三才卦：

①：「上四互天位卦：䷤風火偕任卦」。

②：「中四互人位卦：䷥火澤睽卦」。

③：「下四互地位卦：䷛澤風大過卦」。

〈二〉：䷸巽卦「九三爻」乃下☴巽卦上爻，領卦進乘「上卦六四爻」，兩爻皆：「正居正位」，為「乘」、「承」有功之爻相。

〈三〉：䷸巽卦「九三」，「頻」：連續不間斷，「訊頻」、「頻號」（各個不同之頻譜分別各有收，發之頻譜與設定之編號，非同頻號則無法收發，亦無法解譯）。「頻譜」：經由設定或編輯之「特有頻率代碼組成特殊的某一種可以在䷸巽空中相互傳遞之波率」。

〈四〉：☴巽乃一大星系之大太空間，☴☴雙巽卦相顯示：上☴巽，與下☴巽，乃有「巽空」之「間隔(ㄐㄧㄝˊ)」或「互可穿越」與「互可傳輸，接收於上☴巽通達下☴巽之任何模式或管道」即如「牝蘊之履端」而由「內」向「外」傳遞。〔註：任何一方若為傳輸方皆可以稱：內〕。

〈五〉：「頻(ㄆㄧㄣˊ)」：頻繁且眾多之相，頻亟且不間斷，繁，眾，互循」，皆為：「頻」，☴巽信治，亦有：「信孚」之意象，適時返復來往不忒。

【註釋】

〈一〉

：九三：「頻、巽、臨、履、咸、經綸治」，象曰：「頻巽亟臨，乃過遇治，綢羅大過，乃致穹治」，巽卦九三：「頻巽」：巽巽☴☴雙巽上為一巽之天地世界，下亦為一巽之天地世界，不論是「星球」對外的任何一種「本星球外空之聯繫，或者操作前往探索作業，更高科技極致：遙控、穿越與對衛星發射通訊設備暨訊信」且使用頻繁盛旺之「互聯交匯」，皆稱「頻巽」，另有：「穿越巽空」，「信實往復之衡恒星系倚四時節氣不間斷的共構運動磁能量場」與行履「時空」之行歷，亦皆可謂：「頻巽」。

〈二〉：「頻、巽、臨、履、咸、經綸治」：☴☴巽雙動必需經由「星系軸輹輻輒整體時空之行曆於其儀軌磁律定位法則返復其間」而每一行經，皆代表「時空」正在行曆：「生滅六相八法九死十盡」之定律，曰：「頻、巽、臨、履、咸、經綸治」。

〈三〉：象曰：「頻巽亟臨，乃過遇治，網羅大過，乃致穹治」。

【釋】

〈一〉

：象曰：「頻巽亟臨」：此有多重涵括之意：

①：象曰：「頻巽亟臨(亟：ㄑㄧˋ：屢次不間斷的)」，屢次，亟待而臨致，顯現出「星系架構同磁運軌返復其道之行履」，是在行歷「生滅法則」：

(1)生、(2)成、(3)相、(4)旺、(5)盛、(6)得、(7)休、(8)囚、(9)死、(10)盡的「生滅過程」，

故：「頻巽亟臨」，曰：「乃過遇治」。

〈二〉：「網羅大過，乃致穹治」：

【釋】：

☴☴巽卦象曰：「頻巽亟臨，乃過遇治」，「網羅大過，乃致穹治」，「網羅」：在其磁應範圍內可共同定位互磁之星系，一互旋巽孚于☰☰乾天大太空間，倚各個星系磁孚運轉之責絡(ㄅㄣ ㄌㄨㄛˋ)，行歷於「十日太陰曆法」之「軌儀模範」。

【註】：

此即前述有四十三角度循環「十軌儀之䷀乾天大太空之行儀」，「十日太陰曆」乃「離為陽，坎為陰」亦即行履：天一地二、天三地四、天五地六、天七地八、天九地十等「五五分合陰陽運轉十儀軌之紀元年，各迤四十三角度運轉」。「䷸巽卦下四互爻地位卦：䷛澤風大過卦」，每過一紀元為一大過卦相，十日紀元年限以：「䷺風水渙卦計算單位作準」。

〔詳觀前述〕：

「十日太陽曆行軌測其角度」為四十三度角(十日皆同用于43 ䷶ 雷火豐卦)。

重巽即：「九日連珠，以十用九」。

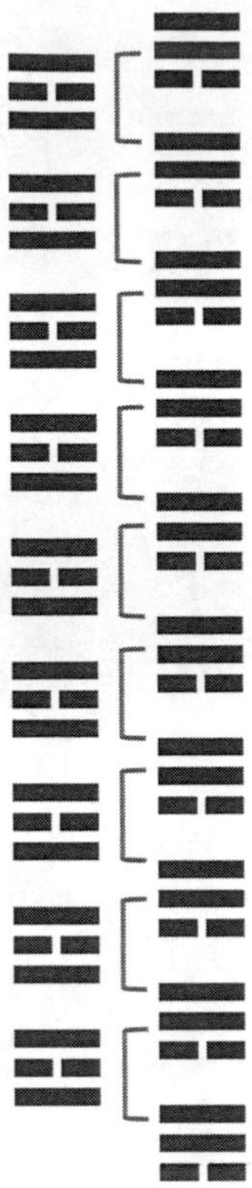

䷸ 巽巽呈 ䷀ 乾天中有異同時空星系互旋，亦有「同異星系共同在運循六相八法十生滅法則」，亦是：「循環返復」，此現象乃「䷰ 革卦」、「䷑ 股卦」有「十日每一億年連珠一次相互傳遞生命、物質等，總能量元素」。

䷸巽卦「九三進乘」、「六四承乘」為「過與之相」

䷸巽卦中提供「十日紀元年」軌儀圖，每一億年能量傳輸，十日連珠為時十個月，乃「自然傳遞時空生命物質元素論」，「倚日光之：熱、電、磁之微波巽信共振收發」。

◎十日太陽曆，有十日儀軌運循圖。

《十日太陽圖》

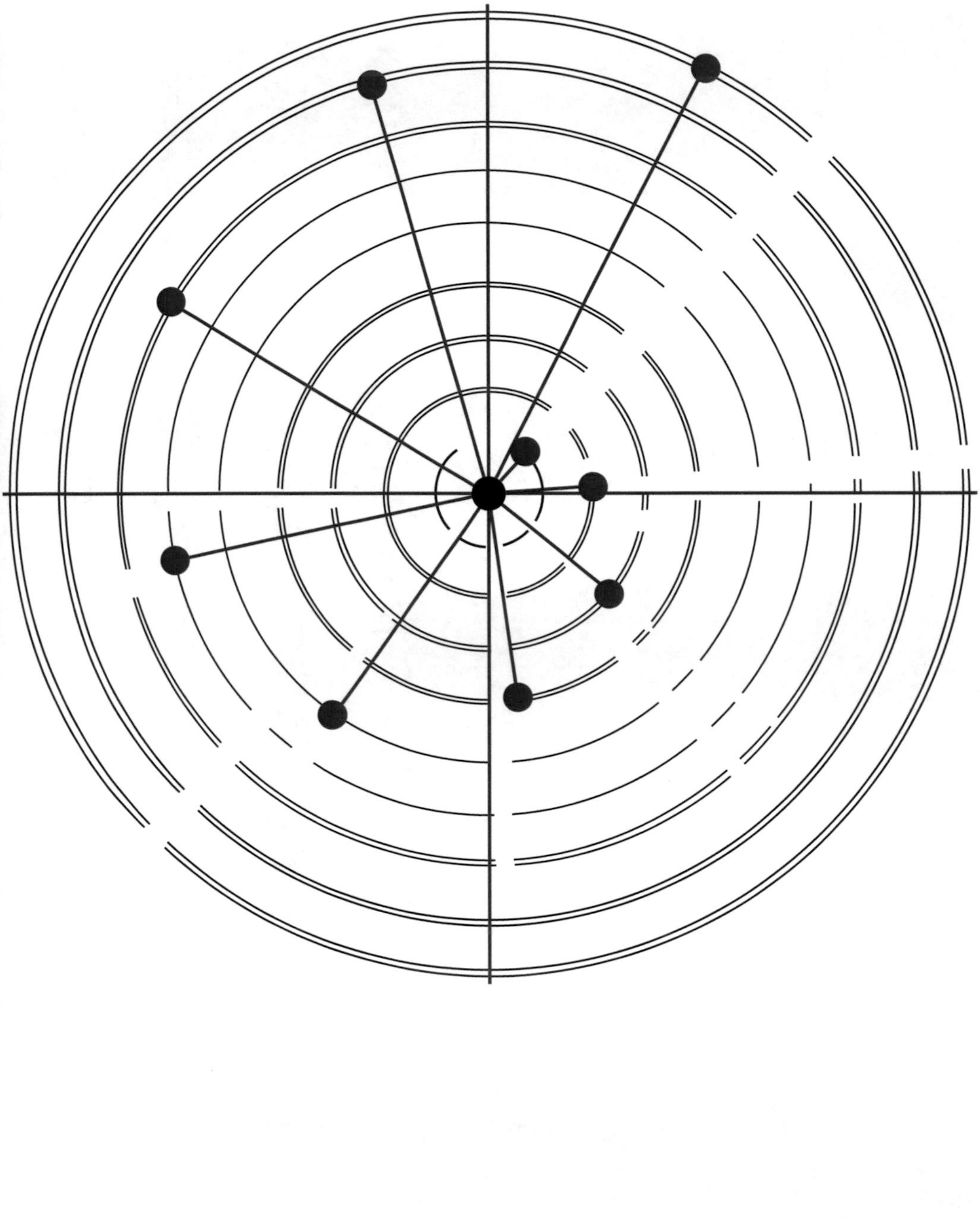

「☲離日為陽」、「☵坎月為陰」、「十」各「奇」、「偶」五五，易繫上九章：「天數五，地數五，五五相得而各有合」即濟：「陰陽合德」，以「十用五，以五合十」而有亙古之「十日太陽曆法」，十為「盡數」，故「僅止於：九之極數」。

〔亙古傳說亦止於九數〕：一未滅死，一未生呈。

【註】：另有「十日太陰圖」。

【註】：

〈一〉：

：「☴☴巽巽互有：乘、承」乃于：「九三爻」乘晉、「九四爻」承乘，而巽☴巽☴之間隔(ㄐㄧㄝˊ)制數度，錯開于：「四十三度角度」乃「三」、「行履至：四」，「四」行不晉「四」，「四四」則：「☳☳震上震下」，卦相互損，為「毀」之「象」，倚卦象數理，需「止于：四十三度角」，分列「☴巽、☴巽」陰陽相得有合，此亦即卦象學理之：「五」為「中宮」眾和之「平數」，故，卦僅用「八卦」，而「陰陽爻則可四重、八重」。

〈二〉：「連山易圖」非僅顯示「數理變易」，更顯示：「有：角度變易」，「十日之軌儀圖」每一紀元皆以「四十三度角」為用數角度。

〈三〉：「四十三」即「四三」：「四」加「三」等於「七」，☶艮止於「七」，「七七四十有九」，再晉則進「五十」，所有數學理論不可悖離「卦相之數法變易」，「䷗復卦」卦辭：「反復其道，七自來復」〔用「自」不可用「日」〕，「七」為「返復之數」，「止」之數，「四」加「三」等於「七」，止於「四十三度角度」。

☴☴ 巽卦九三爻辭：

九三：「頻、巽、臨、履、咸、經綸治」。

象曰：「頻巽亟臨，乃過遇治，網羅大過，乃致穹治」。

第六章・巽卦六四爻易經原辭

〔易經原辭〕

◎䷸巽卦六四爻辭（節錄易經講義）。

六四，悔亡，田獲三品㊀。象曰：田獲三品，有功也。

〔新註〕

㊀三品：一是乾豆，一是賓客，一以充庖。（本義）

〔新譯〕

六四陰柔無援助，承乘都是剛，應該有悔，但是以陰居陰，處上能下，所以無悔事。三品，一是乾豆，一是賓客，一以充庖。即田獵之獲，分作三分。小象說：四能巽於上下的陽，如田獲分而為三，遍及上下，以成巽的功。

〔集註〕

船山易內傳：四在上卦之下，乃施命以入下，而使行事者也。國之大事在祀與戎，而巽非征伐之卦，田獵以供賓祭，役民率作，故取象焉。柔以申命下順聽之，故田而多獲。悔亡者，本無悔也。申命以得人之情，則行事而有功。

【評論】

〈一〉：☴☴巽卦卦相為「巽空中有傳輸訊號」，亦為：

「時空共磁運動之☴☴巽旋大太空間」。

〈二〉：所有任何「力」、「氣」、「冷熱燥寒濕四時」變渙于空☴巽中之物質能量，涵括「靈魂」、「神鬼」等「異度空間生靈」等等，同異存在世界☴☴巽空中〔神鬼，靈魂即是同異之不同生靈簡稱比較易懂之稱謂〕。

〈三〉：☴☴巽訊，信時為「空有」之：「磁場能量」與「波頻能量」倚「☴巽☴巽」收發之運遞過程行歷于：「☱☴ 澤風大過卦互遞波能量，涵括：
時空運行，能量傳遞」。

〈四〉

：☴☴ 巽卦「九二」、「九三」：頻巽，臨，經治。

象曰：頻巽亟臨，乃過遇治，網羅大過（接收，攬接），乃致穹治，〔巽遞任何能量可臻蒼穹所「設定之所在位置」，曰：「乃過遇治，網羅大過，乃致穹治」〕極至「穿越、通信或四時運轉」之功能。

本論天象辭：以本論為準

【本論】

䷸ 巽卦六四爻辭：

六四：「彙往，闐闔摻（ㄕㄢˇ）併，利有攸往，有功治」。

象曰：「闐闔摻併，頻亟，重重與互」。

【註】：

①：「闐闔（ㄊㄧㄢˊ ㄏㄜˊ）」：相互運循之星系，有「定軸繞循軸位變動之能量」，彼互補位運轉的行經

定位，於「䷸巽卦」中，六四：「彙往：互相彙磁定軸定位」，迤「闐闔」。

②：「摻(ㄕㄢˇ)：執，握執，有相互執握共構之意象」，亦顯示「星系有定軸移位現象」。

③：「併(ㄅㄧㄥ)：併攏，非僅用於物相」亦可象徵「歸奇於扐以象閏」之：「扐」：合併。星球亦有用於「連珠」之「併攏現象」，更可「擠壓：時空度衡，行履穿越」，緣「時空乃磁能量數據」，即是「有數據」，必定可以「自中見測」，以「倍倍數之數據」，將其「擠壓」，「使其併攏

穿越於：某一點位置，如針錐尖銳直接穿越」，直達所設定之「另一個異同之點上」，在【本論】論述中：「以，時空能量若如海綿體相，緣其本就䷸巽空中的磁能場空相」，必可履【本論】：「易繫下五章：尺臥之屈，以求伸治，攏併之執，即：掺(ㄕㄢˇ)執，以存引治，畜屯伸引之數(數據)，致用治，利用其伸，引從得治，擴衍嚮應，未致而知治，窮伸致引，得變易陰陽奇偶，亨」。

④：「☴☴巽空」為：〔一宇宙大星系之一方界〕，其星系小於「☴☴巽大太空」，而「星系」迤其「磁能量場之：三和定軸循環往復不忒」，其「☴☴巽空」之大太空間，似空實「有眾多磁引力場」，而「眾多磁引力場之外」：〔尚有一大☴☴巽空之：無場能的「物質能量元素的大☴巽空間」，利用「同異」之「能量」：穿越」異同」之時空，乃為：「可實行」之「穿越能量」，唯需知其「質數運用」〕，此理論詳載於【本論】下繫第五章程。

⑤：宇宙間任何星系皆有「磁能量場」相互架構於：「☴☴」巽空重重空間能量元素中運循」，故因其循環往復生呈：時間磁能共構空間量場磁能，且定軸往復，生呈：「六十四卦法」之「生滅六相八法」演繹「十日時空運循規矩」，曰：「十日紀元年」即：「十日太陰曆」，乃「卦相陰、陽，演繹磁能量場，產生共構數理角度的模範法則」，規矩定律為「不易法、理、道」，「以三定軸」、「以四定位」，變易於：「連山易數理與角度」，顯現於

「伏羲先天六十四卦圖」之運算理數與角度，

曰：「卦象」。

⑥：此載述於：「䷸巽卦」六四爻中。

【註釋】

䷸巽卦六四爻：

六四：「彙往，闐闔摻併，利有攸往，有功治」。

象曰：「闐闔摻併，頻亟，重重與互」。

〈一〉：䷸巽為「雙旋巽」，「空有」亦為「實有」之星球共構相體，而「彼此相互彙磁定軸」，迤邐運轉不忒，曰：「彙往」。

〈二〉：「闐闔」：不可用「乾闢，坤闔理論」，「☰乾☷坤是藏伏七晉八退的：生滅之相」，而「䷸巽卦之：九三進乘，而：六四退承」，曰：「三乘

〈三〉

四承」：進退乘承上☴巽與下☴巽交互「☳雷☴巽」在「九三」陽乘，而「☴巽承而旋」為「規矩模範」，故曰：「彙往」（上下乘承相應互旋在☴☴巽卦雙重巽中）。

（七晋八退用六圖）（見ＢＤ圖）

：「摻（ㄕㄢˇ）：摻執，執握」，「摻併」：☴☴巽卦六四爻承九三進乘，俱足「摻併」之象徵，于「☴☴巽卦」中，「摻併」：上☴巽旋為：「陽旋」，摻執合併下☴巽旋為：「陰旋」。

（太極圖）之：「陰、陽」互旋於：「摻執與併攏」，太極圖陰陽摻併互旋，即濟：「䷸巽卦上陽旋與下陰旋」，即是：「陰陽太極互旋圖」〔見BE圖〕。

〈四〉：「利有攸往，有功治」：互旋彼此相應陰陽，攸關互旋有利互磁定軸（定位循環），「有功治」：存在著同構磁能量場之功能作用力，曰：「利有攸往，有功治」。

《七晉八退用六圖：BD圖》

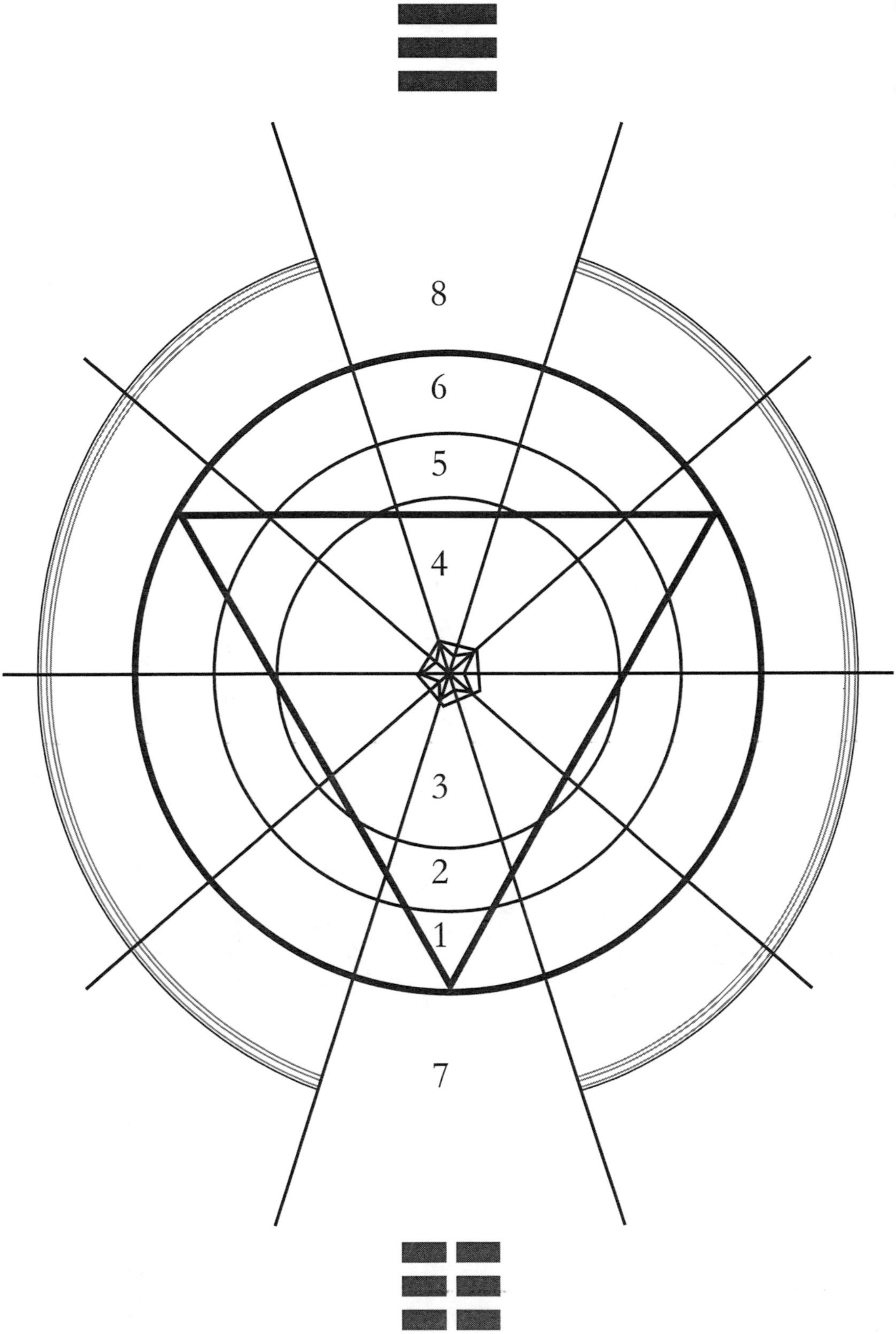

【釋】：BD圖

〈一〉：每一卦皆有「六爻」，六爻定位於：「連山易數之六十度角乘以三，等於一百八十度」，「一百八十度在內」，而另「一百八十度在外」，生呈「外陽一百八十度」與「內陰一百八十度」，即：「兩篇之策」。

〈二〉：內一百八十度，外一百八十度，「十有八變而成卦」，故「以十用八」，而「七」為「藏數」，「八為盡數」生呈：「七藏八盡」，為：「下晉（其初晉之）」，「上退（其上剝之）」

〔易繫(本論)下九章〕。

〈三〉

：每卦以「三爻一單卦」，重卦用二而成：「六爻卦」，故：「以八用六」，「六爻則分列BD圖中各陰陽一百八十度」，合成「凡三百有六十，周期之數」，六爻等於「周天三百六十度」，陰陽各三爻，上卦為「陽」，「九三爻」進乘，「六四爻退承」，乃䷸巽卦，六四：「彙往，闃闔摻併，利有攸往，有功冶」，用辭為「互旋陰陽太極立定一周規矩之數」。

〈四〉

：六十四卦符號僅「陰」與「陽」，以二用三成一單卦，皆由「連山易數」將「三」重而成「六」，每卦有「六爻」運循於「內八卦」與「外八卦」重「八八六十四卦」有「三百八十四爻」之「陰陽重巽而立定太極八卦之：BE圖示」，上☴巽為陽，下☴巽為陰，互旋乃「立定天地，八卦相錯，萬象化生，太極立定」。

《陰陽太極互旋圖：BE圖》

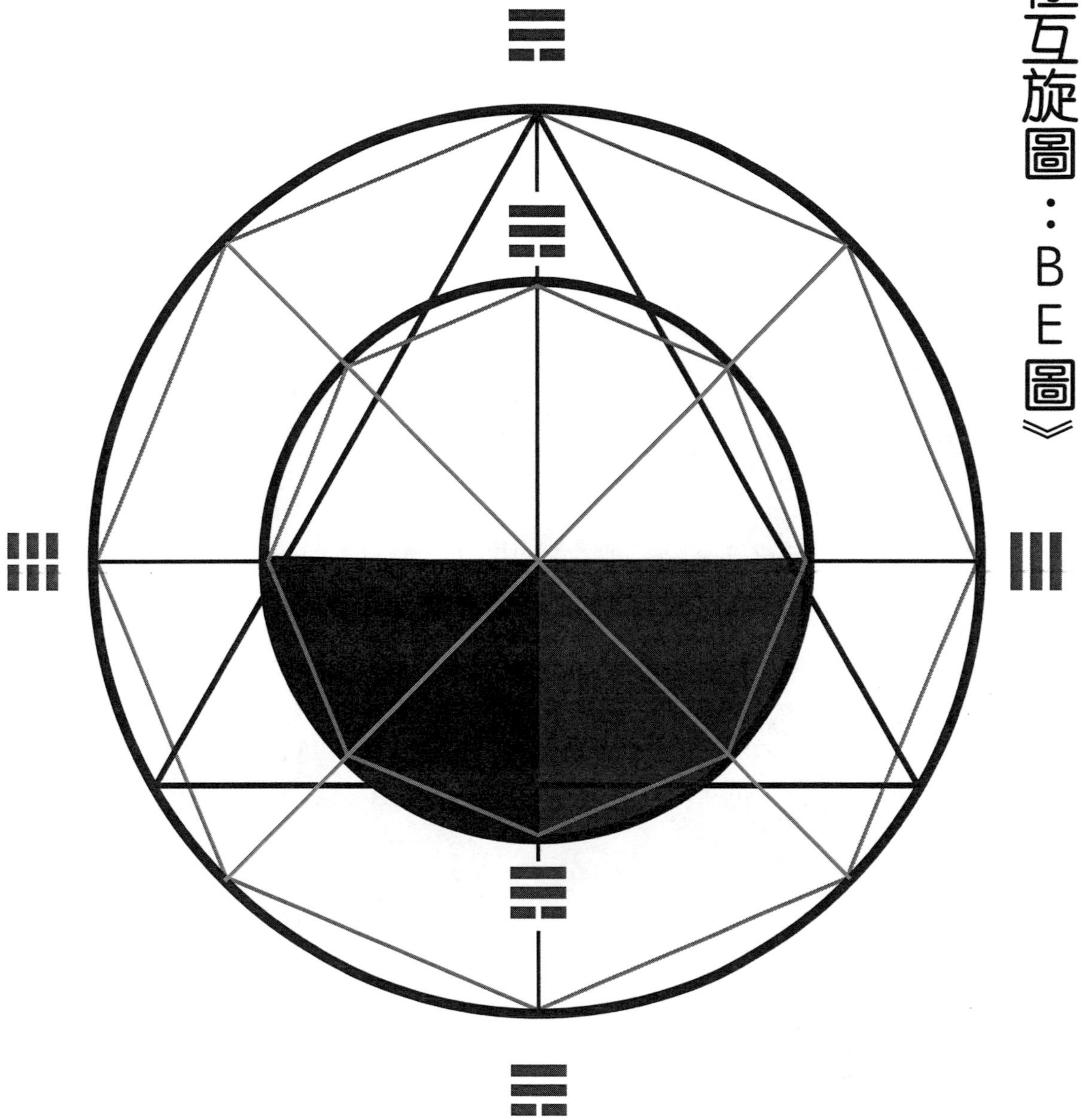

〈五〉：䷸巽卦六四：

◎象曰：「闑闔摻併，頻亟，重重與互」：即由：䷸巽巽重重立定軸輹，八卦啓動陰陽循環頻亟不忒，衡迤範常治，曰：頻亟(ㄑㄧˋ)，重重與互。

第七章・巽卦九五爻易經原辭

〔易經原辭〕

◎䷸巽卦九五爻辭（節錄易經講義）。

九五，貞吉㈠，悔亡，无不利。无初㈡有終㈢，先庚㈣三日，後庚三日，吉。象曰：九五之吉，位正中也。

〔新註〕

㈠貞：正中（程傳）

㈡无初：始初未善（程傳）有悔是無初（本義）

㈢有終：更邊才善（程傳）無之是有終（本義）

四庚：是更變。先庚三日是丁，有丁寧意，後庚是三日是癸，有揆度意。（本義）

〔新譯〕

九五居在尊位，是巽主，處巽出令，都以中正，是吉，能如此真正，則雖柔巽，亦無悔，就無不利，初始雖未能善而似有悔事，而終能變更以得善，即是說先庚三日為丁，在變更前即作丁寧；後庚三日為癸，在變更後有所揆度，這樣就吉。小象說：九五的所以吉，是因他的位處在至正至中的道理。

〔集註〕

船山易內傳：九五居尊，為申命之主。悔亡，蓋下无初有終之義，无初疑於悔，有終則悔亡矣。无不利者，於位為宜，於德為稱，四之功，蓋五之利也。民不可與慮始，五以剛中之道，率民以有為，民將疑憚，故无初而終於有功，則有終而无不利。庚者，更新行事之義。故外事用剛日，而以庚為吉。先庚三日而告之，初六始出合(令)也。後庚三日工，而復警以其不逮，六四申命也。於是而命無不行，事無不立矣。故備諸美，辭以贊其盛。

【評論】：

〈一〉：「䷸巽卦」九五：「䷸卦九五易經原辭」，諸家解譯：有叮嚀、有揆度，庚：為有變更，更新，皆各有表述。

〈二〉：黃敬氏易經義類：張中溪曰：「蠱事之壞，以造事言之，故取諸甲，巽事之權，以更事言之，故取諸庚，甲庚皆先後三日，聖人蓋謹其始終之意，互離居三又為日，故象三日」。

〈三〉：〔論〕：張中溪以「蠱」之卦名與易經原辭解示之「蠱毒之壞事和造作不利之事」為「始」之

「作」取「甲」，易經原辭以：「☶山☴風」兩卦容易同流合污，以致腐敗，以「蠱卦」為「蠱腐作解」，而蠱卦原卦辭：「蠱、元亨，利涉大川，先甲三日，後甲三日」。

【本論已改】：「股、元亨，利揲達端，股、數(ㄕㄨˇ)節分制，遂甲三日，衍七自復(回歸循環十股而復復)」，是「十股循序于：十天干之號數」。

〈四〉：而☴☴巽卦九五：「先庚三日，後庚三日」：則取其「庚(ㄍㄥ)之音譯」為：「巽事有權，以更事言之」，〔註〕：☴巽是：旋、訊，申命。

諸以：更新作庚(ㄍㄥ)之解，且：「與：巽在牀下」之「牀」毫無相干，更無關：「用史巫紛若」，之辭句用意。

〈五〉

：前有「蠱」用「甲」之「三日」，後有「巽」用「庚」三日，確定卦相是「合應：十股之十天干為十日」，七自反復，止於「六」，七則「反復其道」象徵星系亦有「周期運動」。

本論天象辭：以本論為準

【本論】

【䷸ 巽卦九五爻辭】：

九五：臻輯，彙往，務迤埠立，革、股、元亨，牖隔（ㄐㄧㄝˊ）孚，節，制數度衡，咸庚三日，遂庚三日，輯。十有八變，以八用六，艮止于七，乃庚七。

象曰：九五致輯，逶正迤中治。

【註釋】

〈一〉：九五：「臻輯」：䷸巽卦「六四爻」承「下卦九三爻領卦上乘」，乃䷸巽巽相重，重重往來，

【本論】易繫下五章：「重重往來，朋從爾施，同歸而殊途（各個星系各自有籍，磁能量雖有共構，然各有籍輯，曰：同歸而殊途），一制載十而立八，立八而變六，變六以四盈，其數萬化天地之數，數，牖自連山，一九和十，制律八六四二，以三用九，以二用六，策治」。

〈二〉：【本論】易繫下五章，乃闡述：「革，股，巽」皆有載述「十」與「十天干之數理變渙」于：「十」、「八」、「六」、「四」、「二」隱數而變「顯」，顯于：「時空」的「運轉周數頻亟，而又可以數衍其曆」，以「十天干」之「十」用「八」而「六」，止於：「☶艮七之反復其道」，☴☴巽卦九五爻辭，即載述：「十」用「八」而有「六」，☶艮止于「七」。

〈三〉：「☴☴巽重旋卦」九五：「臻輯，彙往」，「務迤埠位」：顯現☴☴雙重巽卦，乃本論易繫下五章傳辭為主譯䷸巽重卦相，「務迻埠位」，譯：所有諸方界之星系，其運循理論皆「務迻埠位」。

〈四〉：「革，股（革卦與股卦），元亨，牗隔（ㄐㄧㄝˊ）孚，節，制數度衡」：攸關「革卦」、「股卦」所述及「十天干」之「十日運循儀軌」，牗啓于：「元、亨」，有隔（ㄐㄧㄝˊ）：各牗自磁能量場之間隔（ㄐㄧㄝˊ）有制，且互巽磁孚運循不忒。

〈五〉：「節（節律，磁波頻譜之節律）」，制數度：各有「編輯制度」有「各別數據可見測」與「有變易之各個角度定軸」。

〈六〉

「衡」：以上之可以計數與度，乃為：

「衡恒之道」，即「䷗復卦辭」：「復、亨。出入乎籍，明來務就，反復其道，七自來復，利有攸往」，象徵其「衡恒始終如一」。

【註】：

以下則解譯：「咸，庚三日，遂庚三日，輯」，乃：〔有編輯之「數據」、「角度」、「符號運用」與「卦相學論」〕。

◎解十日天干數：「十天干」

①：

1	甲
2	乙
3	丙
4	丁
5	戊
6	己
7	庚
8	辛
9	壬
10	癸

②

前三日：

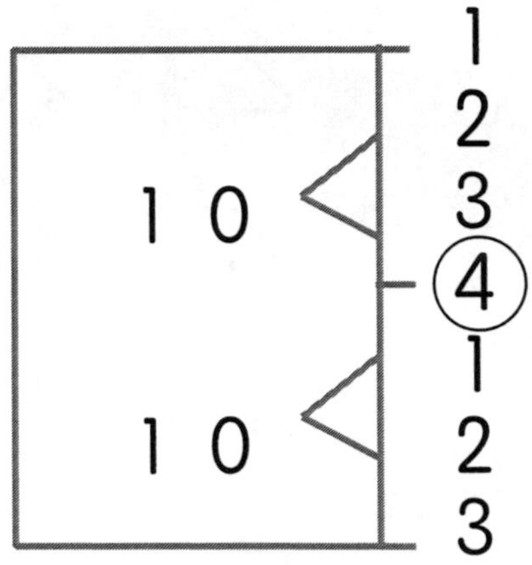

後三日

③：以七

用六

等於六位數。

【釋】

〈一〉：「連山易數」為「變易邏輯之數」以各單位「一個體單位」。

①十天干：

甲	乙	丙	丁	戊	己	庚	辛	壬	癸
｜	｜	｜	｜	｜	｜	｜	｜	｜	｜

十個1相加，等於10　　前②：10比10

10等於：5比5

亦等於：3比3

2比2

1比1

②：前③呈現三比三，以「庚」之咸三日，對比「庚」之遂三日，以「七」用「六」。

〈二〉：連山易數變易邏輯，(咸：定律)。

①：⚋陰符號

⚊陽符號

〉以二用「三」，三爻成一單卦。

②：以「二」用「三」的「陰陽三個符號」方能演繹出「八卦符號」，呈現于：「八八」相重「六十四卦相」，「六十四卦呈相，內、外，互旋共磁乎理論」。

③：「前三」與「後三」為「六爻卦相」，「七」為「☶艮止」反復之數，任何數字：以六進七，則「反復其道」，呈現：「循環之數，故」每一卦用三為單卦，用「六爻」為重卦，而重卦乃「二重」，亦可「四重」，亦可「八重」，故「三」乃「定軸」之數理，而曰：「無三不成卦」，而「三」的倍數亦是「中宮反復來、回，之：中數」。

④：「䷸巽旋重巽卦」乃呈顯「一星系定軸共磁運轉」，小恒星之星系極致如一大銀河星系暨所有宇宙星系之運轉原理，唯「伏羲六十四卦」能解其「數據」、「角度」且：本論易繫下五章：「一九和十，制律八、六、四、二」的解釋于：「卦重至八」與「以八止于七」、「以七用六」而「數止于六」皆是「六十四卦連山易數之數理邏輯」。

⑤：反復「䷸巽卦」重巽六爻辭的解釋論，與致「宇宙有十日太陰曆」之「紀元儀軌」，唯「易經六十四卦」可以解釋。

〈三〉：「八六四二」是「重卦之用數」，解悉「䷸巽巽八重卦」用法。

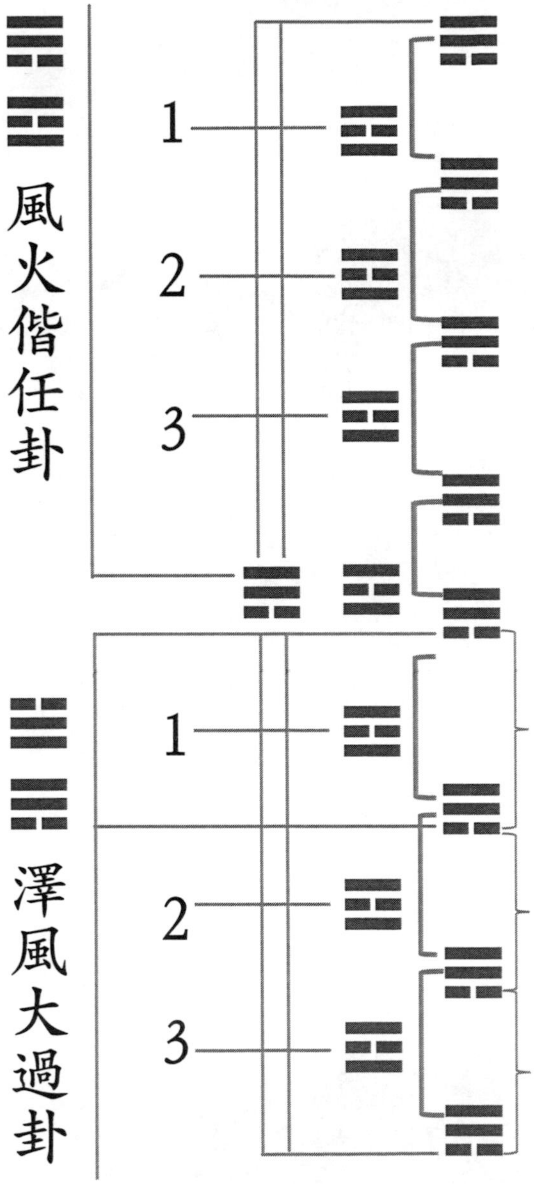

〈四〉：「以八用六」，「☶艮止于七」：䷸巽重制律乃「八」用「六」止于「七」。

〔註〕：「䷸巽卦三才卦象」：

①：天位卦：䷤偕任卦，綜卦：䷥火澤睽卦。

②：人位卦：䷥火澤睽卦，綜卦：䷤風火偕任卦。

③：地位卦：䷛澤風大過卦，綜卦：䷛澤風大過卦。

④：天位卦：䷤偕任卦，上卦天卦☴巽卦，地位卦䷛澤風大過卦，下卦地卦☴巽卦，天位、地位，相合而成䷸巽卦，五五相合。

⑤：此即：「易繫上十章」：參伍以變，錯綜其數，通其變，遂成萬象，天地需于交，極其數，遂定制衡之相，斐萬象之至變，其孰能與於此。

〈五〉：易繫上十章之傳辭，即「䷸巽重卦」：五五、三三、五三、三五的「參伍以變，錯綜其數」，「斐萬象之至變」，顯現于：「䷸巽卦」、「九五」變渙其數。

〈六〉：象曰：「九五致輯，逶正迤中治」，即是䷸巽卦「五」、「二」居中迤正，「三乘四承」皆得其位，倚「八用六」、「艮止於七」為：

「易數」：「斐萬象之至變」。

◎重申 ䷸ 山風巽卦：本論卦辭

巽，元亨，利揲達端，巽，數節分制，咸，甲三日，遂甲三日，衍七自復。

①：

6	己		
7	庚		
8	辛	3	
9	壬	2	三
10	癸	1	
1	甲	④	
2	乙	1	
3	丙	2	三
4	丁	3	
5	戊		

②：以「七」用「六」，上三個數演成上卦三爻，下三個數演成下卦三爻，「四」居中位為「隔(ㄐㄧㄝˊ)」，「節制」數度。

③：「伏羲先天八卦圖」以五五相得而合，即濟：「對等、持衡」，「十天干」用「前三日」與「後三日」，是以「六」為「用數」，所有數理法則，皆「定律在☶艮止于：七，為：反復其道的循環規律」，七七四十有九，四十九為「七的止數，晋一則呈：衡數」，七個七于：「易繫上九章」，乃：「推演之數五十」，偶數持衡分辨出：「奇用扐」而「偶用揲」，此「揲」、「扐」之法則，亦即易繫上九章，「演繹時空計算」，用：揲、扐之原理以用

「閏」為「奇扐」，曰：積奇(ㄐㄧ)，「歸奇於扐」之法據。

④：而「奇」、「偶」、「揲」、「扐」亦可互易用法，曰：「易數」，「變易數理」。

◎ ䷨ 股卦渙算法：股與革以十用九。

①：「䷨ 股卦」：咸甲三日，遂甲三日，渙算同法，而「卦相各有顯述之不同理、道」。

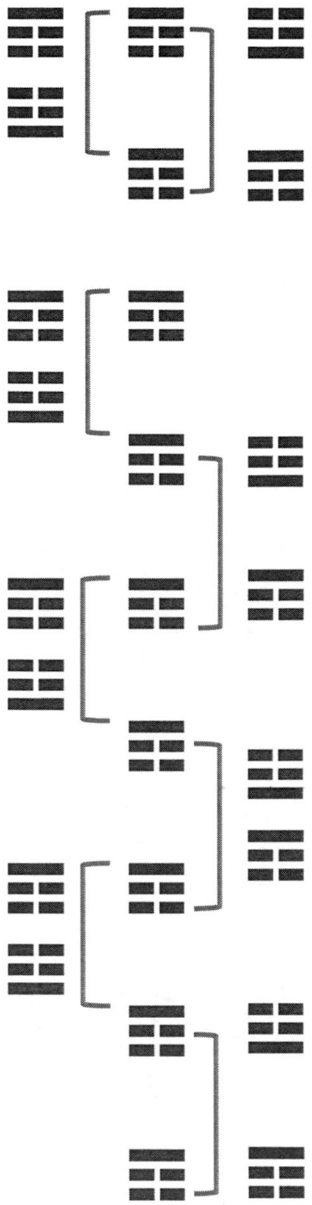

【釋】：

①右：雷山卦，左：五頤卦，卦用「八」數。

②：〔䷰ 革卦〕本論卦辭：

「革，十日乃孚，于天，元亨利貞，萃往」。

彖曰：「革，水火相濟，遞與同矩，齊制埠，萃彙攸利，十日乃孚于乾，革而信之，旻昊迺兌，達亨迺正，革，觀邇，亶（ㄉㄢˋ），需萃乃往，天地革遒（ㄑㄧㄡˊ）：堅固聚集，達到極點」，逌彙迺邇，革，順乎乾，而應乎旻昊致任治，革，致臻，達，萃彙偕任矣。

◎〔䷰革卦〕：十日紀元卦相圖：

〈一〉：「六十四卦」之每一卦，皆是「乾天，巽空互旋循環」所變渙其相法于「六十四卦」每一卦中，故，「䷸巽旋卦」與「䷑股卦」，「䷰革卦」皆有「共同之：法、理、道」。

〈二〉：「☱☲革卦十重卦」十有九離日。

《革卦以「十」有「九」離日：F圖》

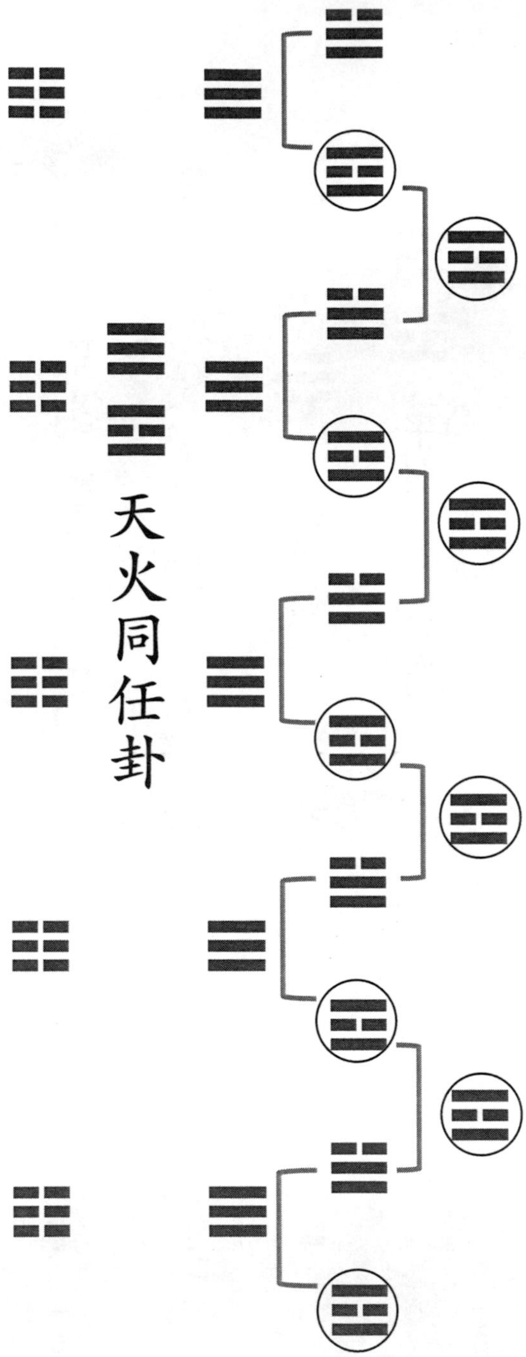

〈三〉易繫上九章：「天數五，地數五，五五相得各有合」。

〈四〉：「十」為「盡數」，此即：「四十一法要」：生滅六相八法，以「十」用「九」，「九」、「一」合「十」，「十」為「盡數」亦為：生數，故「連山易數圖」以「九」居「䷀乾天之位」，「九」之上：尚有「0」、「1」與「1」、「0」為「周循環數」，亦即：「天地絪縕，萬物化醇」：「0」為「醇陰」，「1」為「醇陽」，「陰陽構精，萬物化生」，故：「陰數用：二」，而「陽數用：三」，二二二為「六」代表陰爻，三三為「九」代表陽爻，陰、陽皆用「三」，「三」是「☰乾天卦」，以「三」定軸，而變生：「☷坤地卦」，陰陽爻：以二用三，方有「八」，「八定軸」不易之道。

〈五〉：「十日」僅用「九日」。

緣：「一」未生，而「一未死盡」，呈顯：「有九日」之象徵。〔註：詳見革卦十日有九日圖〕

〈六〉：「䷸巽卦」、「䷰革卦」、「䷑股卦」同是「用五五相得而各有合」於「天數五，地數五」的「卦相演繹有：異同、同異，空間十度變易法理」，卦象之「數術」與「可見測空間」數術之法，差異甚大，如：「靈魂」或「七休、八因、九死」等不可測之波震對應，以「人體說」：「七休是：睡眠」、「八因是：麻醉」、「九死是：死亡」，此亦「三」、「三」互應爻位之理論，人體乾位：腦幹中，有一「僅有陰、陽，對應部位」其象醇，而應則：「靈」。乃：「不可見測」與「不可兼斗」，通「靈」、「覺」、「識」三體空間。

〈七〉：「䷸巽巽」乃「空」、「有」相應于：「空中有相」，「其象也空」，「而實為：空有」。「䷸巽巽」：「空」、「有」對應，為「不可測量」，「無界域」既即：「空中有象」。

〈八〉：「䷸巽卦」：「五五」是「䷸巽卦」的「數」，解悉「五五」，即濟：「太極陰陽互旋」，「太極陰陽互旋：由，二生三，立定中心太極點」，三點呈現一軸轅，巽旋「五」、「五」，五五定軸于：「中心太極立定點」，即濟：「由：三」，定軸生呈：八卦三百六十度角度可計其：

角度數字，運用于：八卦重重六十四卦數，卦數是：「符號」、「編碼」，是：「數理編輯」，角度互用于：以二用三，以三用二，九九歸一變易編碼成「六十四卦符號」，所編碼之陰陽符號，重重互互，引而伸之，觸類而長之，及致：太極生滅有數，磁能量場對應有數，即濟：「有符號為數」，故：「易經六十四卦符號」可以計數於：「十度法、理、道」。

〈九〉：「太極巽旋三百六十度」：數據、角度、編碼圖，「十有八變而成卦」。

◎G圖示：☴☵巽卦：五五互旋共磁圖〔渙卦可依定律渙算星系年限，同樣可渙算磁場〕。

《四五互易磁旋：G圖》

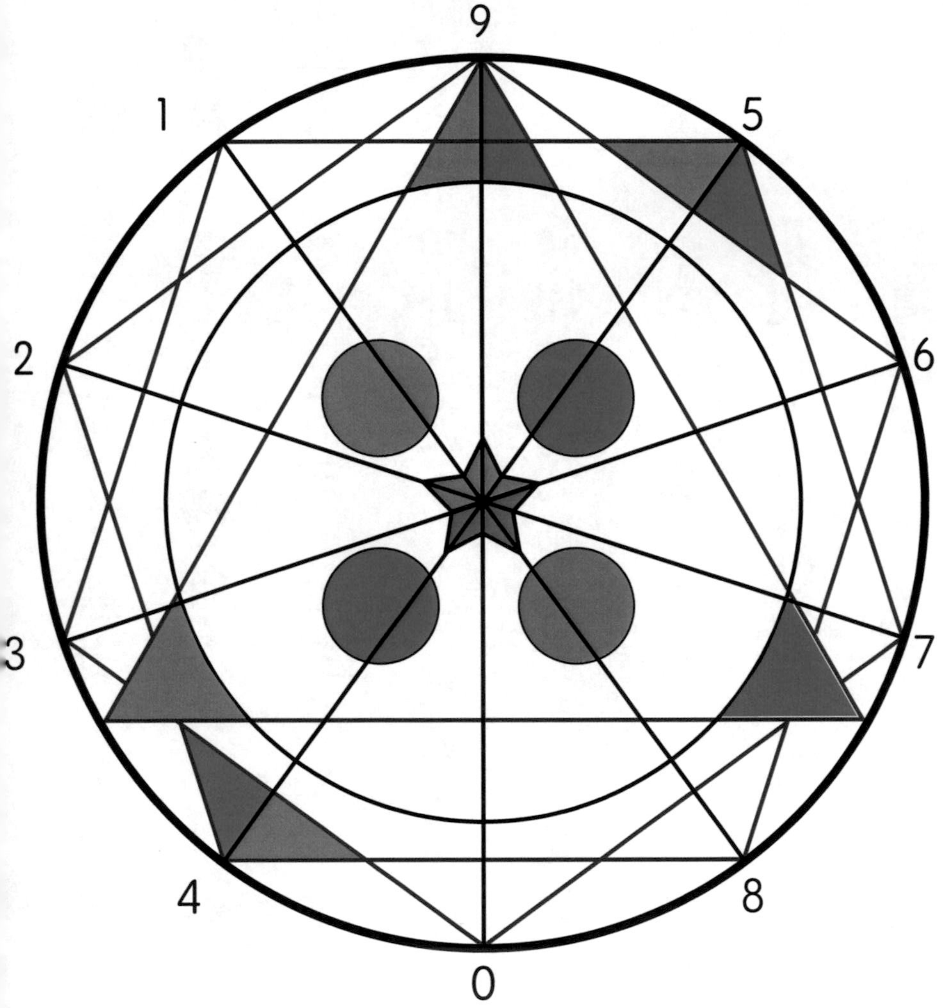

◎連山易數變渙圖：GA圖：斥、合、和立定中心太極。

《連山易數變渙圖：GA 圖》

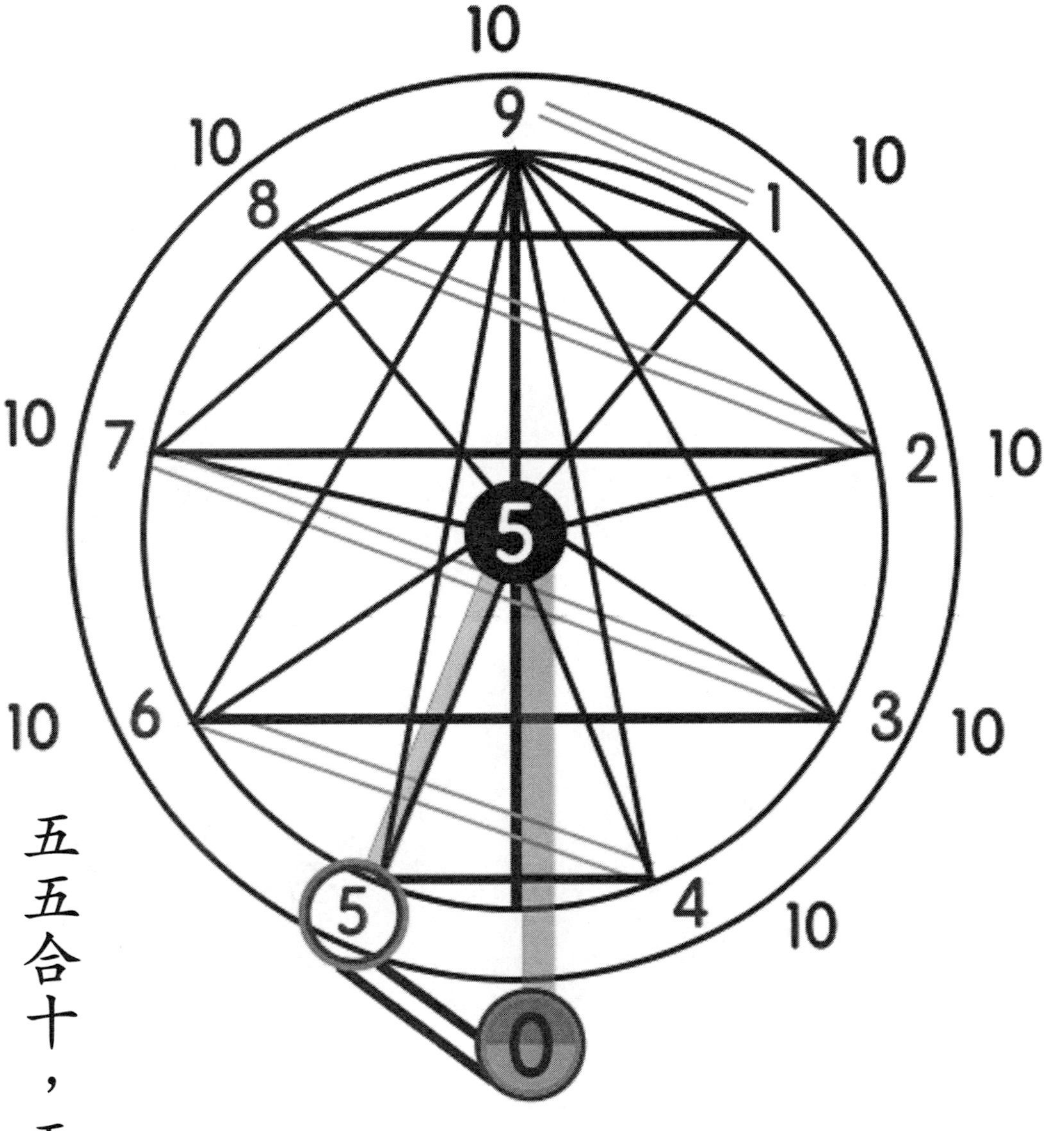

五五合十，天五地五。

〔釋圖〕：「五」、「五」陰陽合10，進入「中宮」，立定中心太極立定兌遂，互旋運轉陰陽磁場，參詳前「G圖示」，合參「GB圖」。

〔六十四卦規矩圖〕：

其數字卦相演繹法則，皆同GA圖，用八成卦，GB至：

「九九乾天卦」，由合「十」止于：「九九乾天極數」，

〔註〕：「九九」回復「一一」皆為「䷀乾天卦」。

乃「周天易數圖」。

《六十四卦方圓象數：GB圖》

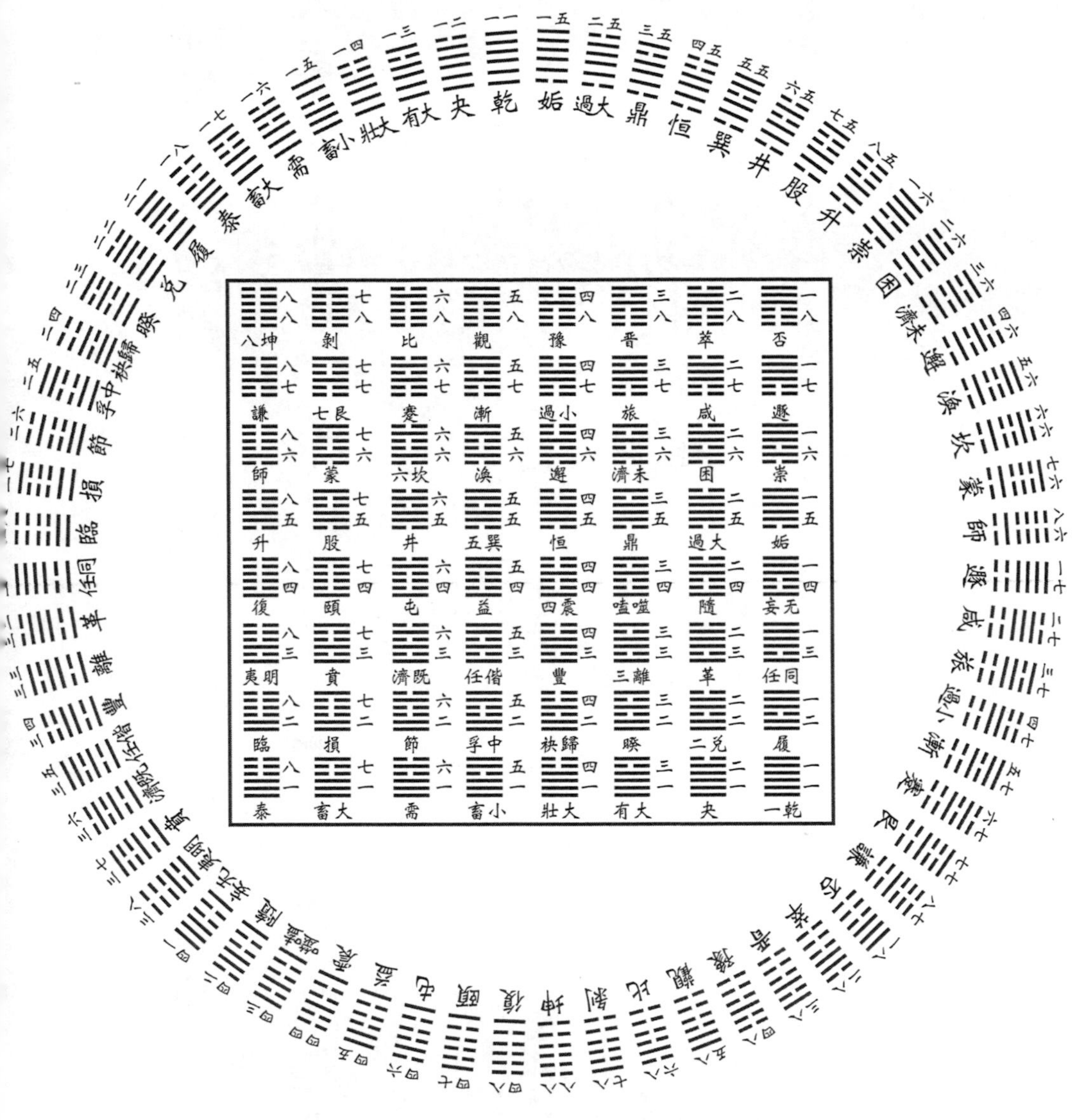

第八章・巽卦上九爻易經原辭

〔易經原辭〕

◎ ䷸ 巽卦上九爻辭（節錄易經講義）

上九，巽在牀下㊀，喪其資㊁斧㊂，貞凶。象曰：巽在牀下，上窮也。喪其資斧，正乎凶㊃也。

〔新註〕

㊀在牀下：過於安舒的意思。（程傳）

㊁資：所有的。（程傳）

㊂斧：用來斷物的工具。（程傳）

㊃正乎凶：必定凶之意。（本義）

正嗎？設疑之意。是凶，斷定之意。（程傳）

〔新譯〕

上九在巽極，過於安舒柔順，而失去他的剛斷，如喪失他所資具的斧器，不能斷物了，這樣自失剛道，雖貞也凶。小象說：過於柔順，在上如此，以至窮極自困了。過巽以致喪失他的資斧，是合乎正道嗎？這必定有凶的。

〔集註〕

船山易內傳：巽既在牀下，而高處乎上，則不相通甚矣。朱子易本義：居巽之極，失其陽剛之德，故其象占如此。正乎凶，言必凶。

【評論】

〈一〉：☴☴巽卦九二：「巽在牀下」，上九亦用：「巽在牀下」，僅解釋此辭，卻又不知其解用於何意。

〈二〉：「巽為三陳九卦」憂患之卦，「三陳九卦」指：諸家三次陳述九個卦中「有憂患」之意，知道一下，並無特別意義，是諸家三陳了「九個憂患之卦」。

〈三〉：「☴☴巽卦」上九爻，為「提綱契領」陽剛之象，上九一陽之健，領下五爻同旋「陰」、「陽」，呈顯「太極立定于：巽☴巽☴陰陽磁場能量互旋，且：天地立定，詳閱前述ＢＥ圖之八卦內外互旋太極圖」。

〈四〉：易經錯了幾千年之緣由：乃諸家無解「連山易圖之運用」，且「照辭說歷史人物和故事」來解示「單卦所象徵之形象套用于易經原辭」。

〈五〉：而「卦相解」又錯誤，各教有「宗教之說」，且各有「神」、「佛」系列說，華夏所有經典雖眾，除「占卜書籍」外，並無參雜易經卦相論說，唯有古老易經有六十四卦，諸家為解其錯誤之辭，而取用了一堆經典記述，卻無一解出「卦相法理」和「連山」、「歸藏」、「周天易」之「數字定律變化」和「規矩定律」。

〈六〉：華夏眾家經典沒有卦，然各有專攻。只有古老的易經：「群經之首」有「六十四卦解」，最古老的「六十四卦相」，史來所載錄之辭，已歷代編改。

〈七〉：「易經六十四卦相」並沒有錯誤，其理論俱全于：「六十四卦」之「顯，隱相」：「連山易數字變易卦相」於「法、理、道」，但幾千年來，解讀易經的聖賢，把易經六十四卦解釋寫成了「史記」，然而，伏羲六十四卦相是宇宙論。

本論天象辭：以本論為準

【本論】

䷸巽卦上九爻辭：

上九：「巽在穹下，輯輿往來，臻循致穹矢一不忒」。

象曰：「巽在穹下，尚崇治，輯輿秩制，正乎磁互治，重巽往復，頻復曆儀，陰陽牖碩（ㄕˊ），生生之謂易」。

【註釋】

〈一〉：「䷸巽卦」上九：「巽在穹下」，此與九二爻辭的，巽在穹下，不同在於「上卦上九的巽在穹下已是提綱領卦之爻」：巽在穹下，而九二爻的巽在穹下是「內卦」的巽空之穹，亦即旻昊之穹，然「上九」之穹下，顯現「穹下」之上，尚崇治：䷀乾乾浩瀚。

〈二〉：「輯輿往來」：蒼穹旻昊所有星系輯辭互籍，運轉輪輿往來且反復其道。

〈三〉

：「臻循致穹」：周天循環蒼穹儀軌，行經歷曆，矢一不忒，曰：「臻循致穹，矢一不忒」。

◎象曰：「巽在穹下，尚崇治，輯輿秩制，正孚磁互治，重巽往復，頻復曆儀，陰陽牖碩(ㄕˊ)，生生之謂易」。

〈一〉：「䷸巽巽」陰陽互旋生生不息，乘承，進退于：「道」、「理」、「法」三體和一，不可或缺其一，謂之：「三體共構于：法、理、道」，亦即：「三」和為「一」的「定律」。

〈二〉：〔詳見BZ圖〕䷸重巽規矩八八圖。䷸重巽：

①：是「陰、陽」互巽。

②：是「規、矩」圖內有「外八卦」與「內八卦」：左、右互旋于：「規矩磁場之內」。

③：陰陽交互于：「䷟」與「䷩」兩卦互互。

④：「十方世界皆彼互在此演繹進退之道」，行履「先天六十四卦方圓規矩圖」，循序乘承、進退，巽信，制秩治，皆于：「規矩之內」。

☳雷☴巽互易䷸重巽內外八卦

《磁應圖：BZ 圖》

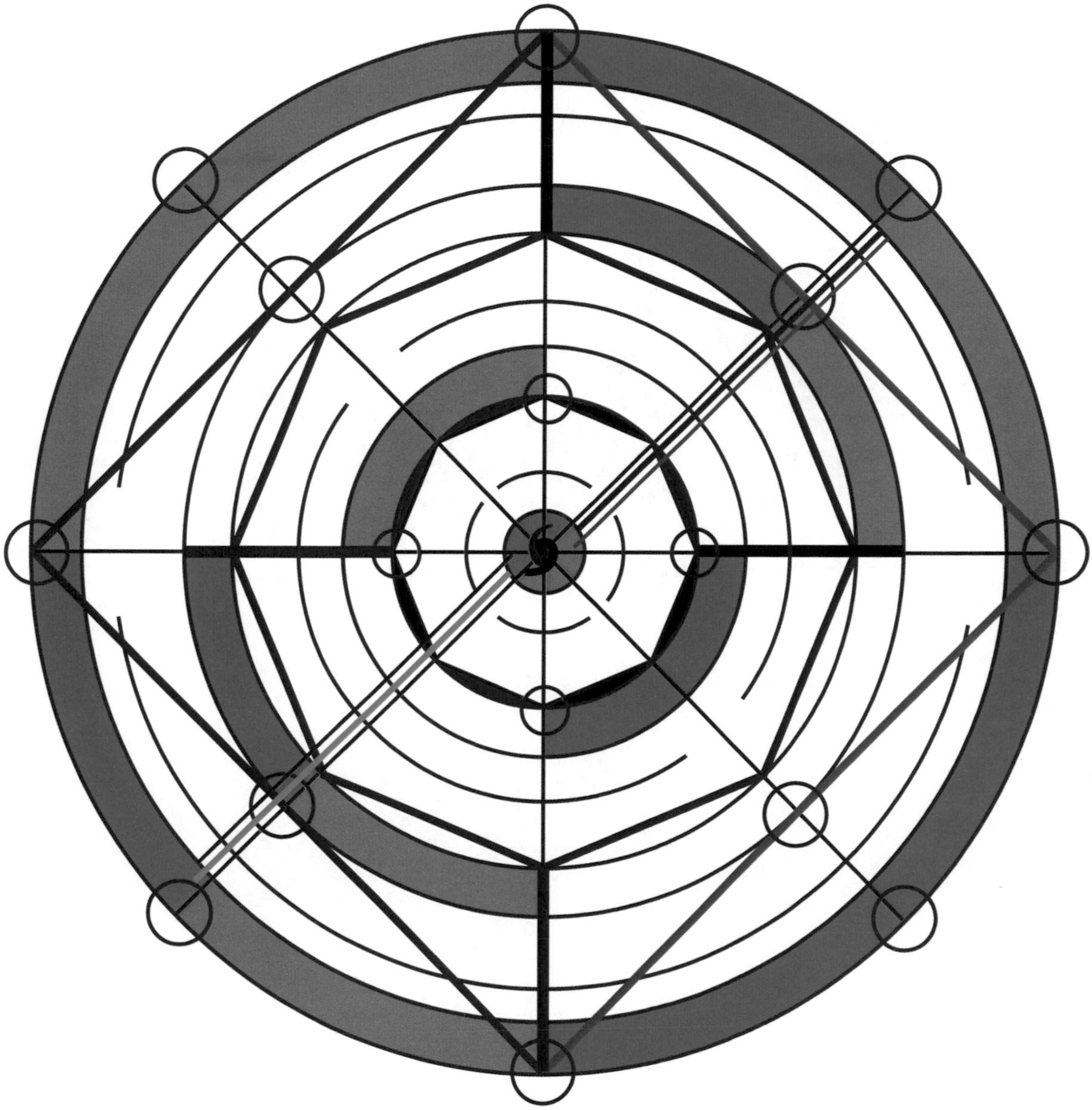

宇宙牖啓于：

無有主宰。

自生法理。

對應牖道。

萬象轇博。

第九章・易卦占卜天象人事總論

〔卦相變渙法則〕：

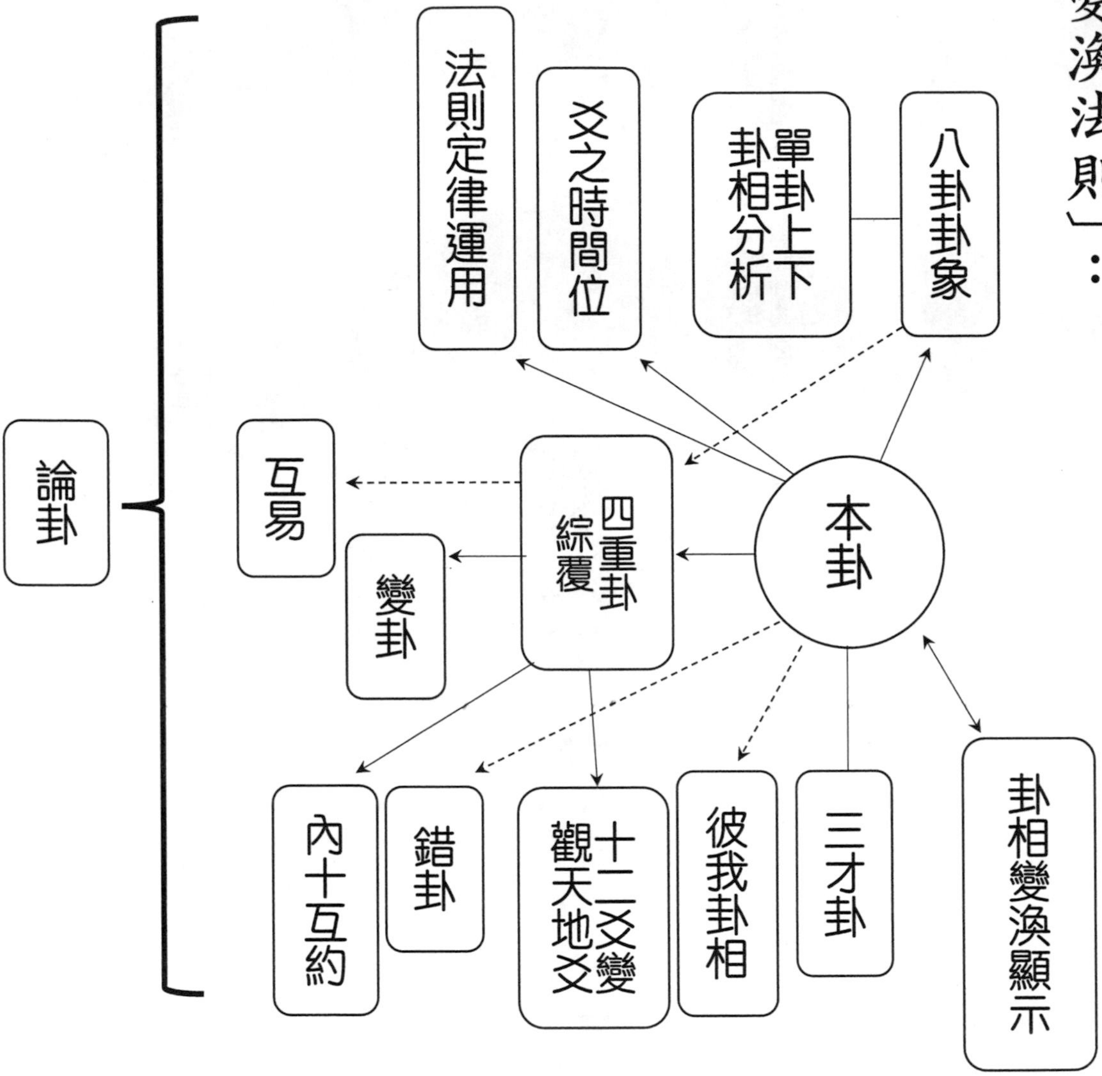

本卦
八卦卦象
單卦上下卦相分析
爻之時間位
法則定律運用
四重卦綜覆
互易
變卦
卦相變渙顯示
三才卦
彼我卦相
十二爻變觀天地爻
錯卦
內十互約
論卦

〔陰陽相對屬性對照表〕：

屬性

金性	木性	水性	火性	土性
陽—剛毅果斷△	陽—寬厚仁慈△	陽—沉靜聰明△	陽—熱情好義△	陽—量宏懷寬△
陰—專制寡情▲	陰—嗔恨嫉妬▲	陰—陰險多術▲	陰—執拗暴躁▲	陰—厚顏無恥▲

△陽之常態　▲陰之變態

對比

後 前	音 聲	低 高	長 短	易 難	無 有
隨	和	傾	形	成	生

統一

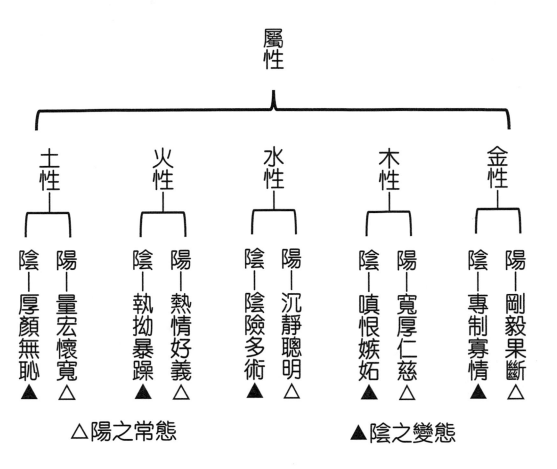

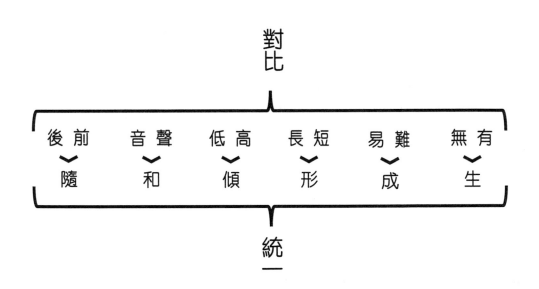

〔八單卦卦象及取象歌〕：

八單卦卦象

☰ 乾卦

☱ 兌卦

☲ 離卦

☳ 震卦

☴ 巽卦

☵ 坎卦

☶ 艮卦

☷ 坤卦

八卦取象歌

☰ 乾三連

☷ 坤六斷

☳ 震仰盂

☶ 艮覆碗

☲ 離中虛

☵ 坎中滿

☱ 兌上缺

☴ 巽下斷

〔八單卦象徵表〕：

	乾 ☰	坤 ☷	震 ☳	巽 ☴	坎 ☵	離 ☲	艮 ☶	兌 ☱
自然	天	地	雷	風	水	火	山	澤
人間	父	母	長男	長女	中男	中女	少男	少女
屬性	健	順	動	入	陷	麗	止	說（悅）
動物	馬	牛	龜	鷄	豕	雉	狗	羊
身體	首	腹	足	股	耳	目	手	口
方角	西北	西南	東	東南	北	南	東北	西

八卦數例與先天八卦圖

乾	兌	離	震	巽	坎	艮	坤
一	二	三	四	五	六	七	八

《先天八卦圖》

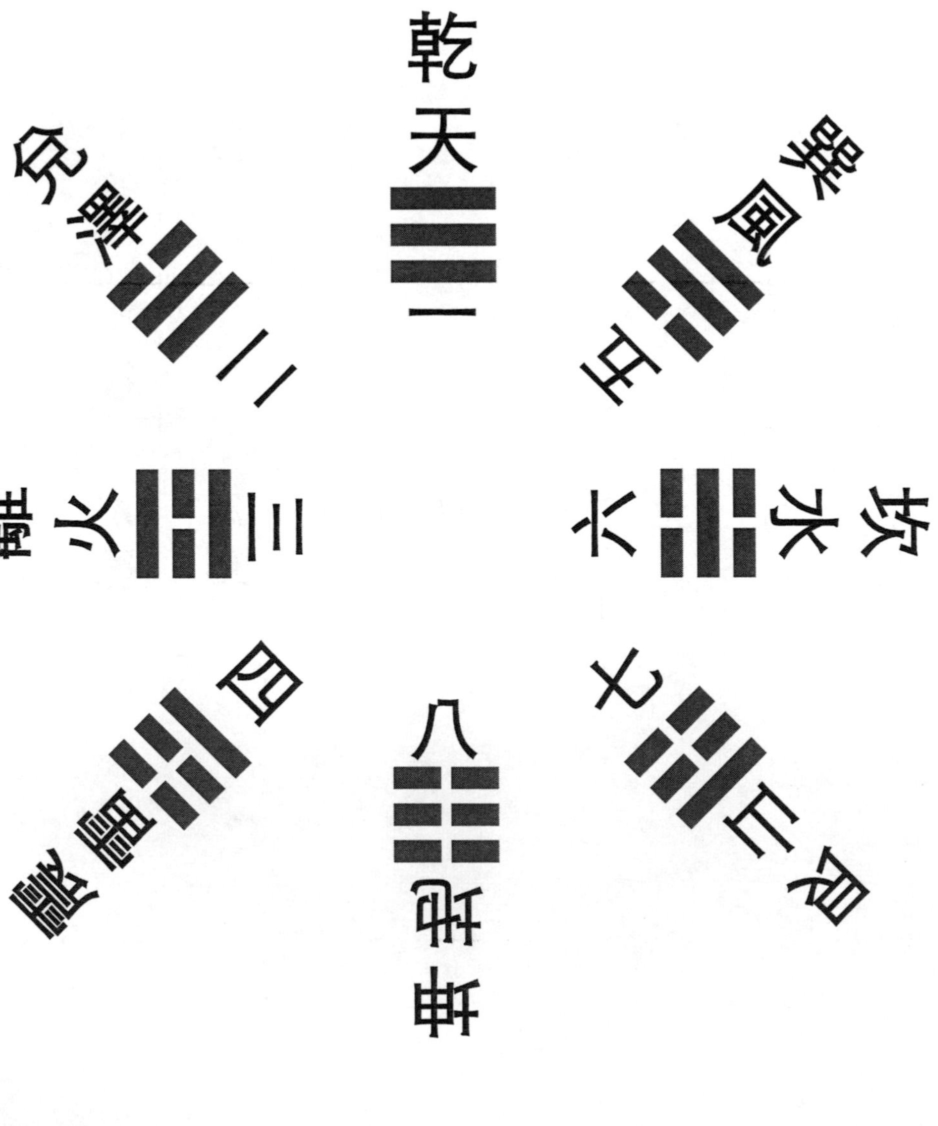

〈一〉五行生剋速見表：

⑨金生水，水生木，木生火，火生土，土生金。

⑩金剋木，木剋土，土剋水，水剋火，火剋金。

《五行生剋速見表》

五行相生相剋
生　生　生　生　生
金→水→木→火→土→金
剋　剋　剋　剋　剋
金→木→土→水→火→金

〈二〉天干地支之五行與生肖：

天干	五行
甲	木
乙	木
丙	火
丁	火
戊	土
己	土
庚	金
辛	金
壬	水
癸	水

地支	五行	生肖
子	水	鼠
丑	土	牛
寅	木	虎
卯	木	兔
辰	土	龍
巳	火	蛇
午	火	馬
未	土	羊
申	金	猴
酉	金	雞
戌	土	狗
亥	水	豬

〈三〉四季月令表：

孟春正月建寅	端月
仲春二月建卯	花月
季春三月建辰	桐月
孟夏四月建巳	梅月
仲夏五月建午	蒲月
季夏六月建未	荔月
孟秋七月建申	瓜月
仲秋八月建酉	桂月
季秋九月建戌	菊月
仲冬十一月建子	葭月
季冬十二月建丑	臘月

〈四〉

四方定位：

東方甲乙寅卯——木，應乎正、二月，居於震宮。

南方丙丁巳午——火，應乎四、五月，居於離宮。

西方庚辛申酉——金，應乎七、八月，居於對宮。

北方壬癸亥子——水，應乎十、十一月，居於坎宮。

中央戊己辰戌丑未——土，應乎三、六、九、十二月。

子、午、卯、酉為四正，東、南、西、北為四方。

〈五〉四季運轉與五行旺相：

春、夏、秋、冬為四季，又稱四時。日月寒暑交替運行，永不停止，而產生五行之生剋。如下：

1. 論四時五行：

(1) 甲乙寅卯木旺於春。

丙丁巳午火旺於夏。

庚辛申酉金旺於秋。

壬癸亥子水旺於冬。

戊己辰戌丑未土旺於四季。

(2)
春木旺、火相、水休、金囚、土死。
夏火旺、土相、木休、水囚、金死。
秋金旺、水相、土休、火囚、木死。
冬水旺、木相、金休、土囚、火死。

2. 五行旺相休囚死速見表：

	旺	相	死	囚	休
春	木	火	土	金	水
夏	火	土	金	水	木
秋	金	水	木	火	土
冬	水	木	火	土	金
四季	土	金	水	木	火

〈六〉十二時辰速見表：

上午

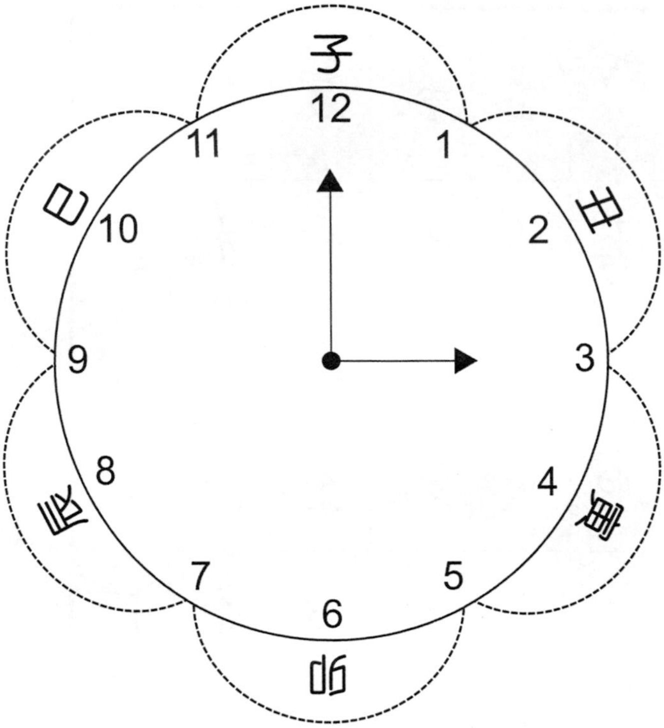

下午

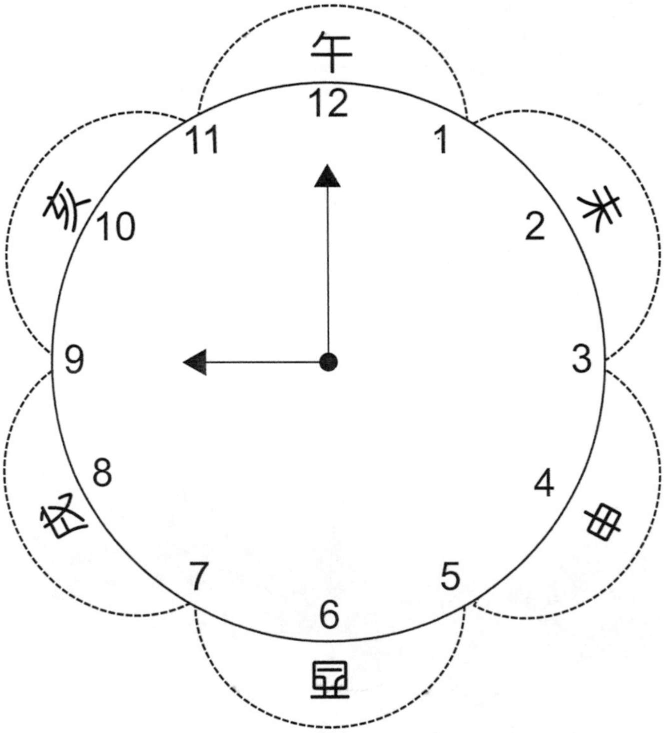

〔八單卦的象徵意義〕：

㈠：☰ 乾、天

◎月令以陽曆廿四節氣月令。

陽曆季節──從十月上旬寒露至十二月大雪的二月間。

時間──十八時至二十一時。

天象──晴天、太陽、天空、乾旱、嚴寒、爲寒、為冰。

人物──父、祖先、主人、長輩、老人、宰相、夫、上司、官吏、資家、神明、剛健的人、總經理、軍人、有威嚴的人、君子、援助者、中心人物、有影響力者、經營者等。

人體—首、頭、左肺、脊髓、骨。

疾病症狀—高熱、肺病、頭昏、腫瘡、腦溢血、便秘神經
系統疾病、頭痛、高血壓、急劇性疾病。

市場行情—上漲、騰貴。

場所—都會、首府、寺廟、官衙、名勝、廣場、郊外、
運動場、競場、航空。

動物—龍、獅子、虎、鯨、象、馬：(龍、蛟)

植物—常綠樹、杉、松、樹木的果實。

雜物—堅硬之物、圓形物體、覆蓋物、高價物品、活動

物體、巨大物、鏡、鐵、礦物、米、齒輪、寶石、貴重金屬、大廈、汽車、機械、果實、通貨、鐘錶。

性情——剛健、工作熱心、能掌握大局、獨立性強、很重現實、善於交友，但樹敵亦多、個性活躍、領導能力強、風度翩翩，為人風趣。

其他——信仰、大、充實、圓形、競技、活動、繁忙、膽量、果斷力、堅固、健康、戰爭、懷胎、過份、超出預算、政府、施行、藏、氣力、抽象、錢正面。

人事——剛健、武勇、果決、多動少靜、高上屈下、
　　佔有慾強烈。
出行——利於出行、利西北之行、夏占不利。
婚姻——有聲名之家、秋占宜成、冬夏不利。
求財——有利、公門中得財。
交易——成、夏占則不利。
官訟——有貴人助、秋占勝、夏占失理。

㈡：☱ 兌、澤

陽曆季節—從九月白露到十月寒露的一個月間。收成時節。

時間—十五時至十八時。

天象—陰時多雲，快下雨、梅雨。

物—太空飛行器、空行飛船、飛碟。

人物—少女、娼妓、酒吧女、銀行職員、歌星、翻譯人員、發起人、放款人、非處女、妾。

人體—口、肺、呼吸器、女性性器官、齒、言。

疾病——肺病、呼吸器官疾病、性病、婦女病、跌打損傷、言語障礙、口腔內疾病。

方位——西、右、右白虎位。

人事——喜悅、飲食、口舌、毀謗、色情、一時中止、缺三分之一、斷損、妖豔、兌現、遂行。

市場行情——價格低

場所——沼澤地、娛樂場、食堂、凹地、講習會場、咖啡店、銀行、低窪地、水邊、鳥屋、廚房、花街柳巷、池、谷、湖、山崩地裂之地。

動物——鳥、河魚、羊。

植物——秋季開花的七種草（荻、葛、雄花、瞿麥、女蘿蘭草、桔梗）、生薑。

雜物——紙幣、食物、刀劍、有缺口之物、玩具、雞肉、雞肉飯、甜酒、咖啡、鍋、鋁水桶、撲克牌、星、扇、口香糖、樂器、金類品、瓷器、人造人屬、碟型物。

婚姻——秋占可成、利少女、不利中女：二次婚。

求財——有損、有口舌、秋占無損、夏占不遂。

官訟——曲直未決、因公事有損。

性情——性格爽朗而且愛慕虛榮、有常識、有自滿於小成就的傾向、情慾強烈、容易受誘惑、口才好而且機敏、講究享受、易聽信人言、性格不剛強。

其他——經濟、金融、利息、口才、口角、戀情、笑、色情、一時中止、封套、缺三分之一、折斷、彎曲、妖豔、喜悅、口令。

③：☲ 離、火

陽曆季節——從六月上旬芒種至七月上旬小暑的一個月間。太陽南回、陽光烈之時，為陰陽分歧點，從陰陽兩作用的分界而言，有別離意味。

時間——九時至十二時。

天象——晴、日、電、火、熱能量。

人物——中女、教師、美人、藝術家、文學家、推事、美容師、設計師、學者、消防人員、演員、知識份子、高科技、文明。

人體——心臟、眼、臉部、陽性細胞。

疾病——心臟病、眼疾、高熱、灼傷、便秘、頭暈。

市場行情——上漲。

方位——南、朱雀位。

場所——美容院、圖書館、火災後的廢墟、燈塔、法院、劇場、資料館、裝飾品店、藥局、文具店、學校、噴火口、瞭望台、教會、科技研究所。

動物——金魚、孔雀、螢火蟲、雉、螃蟹、龜。

植物——南天竹、胡桃、楓樹、牡丹、花。

雜物——美麗物品、裝飾品、化粧品、眼鏡、火爐、文書、畫畫、飛器、股份、票據、印鑑、文具、電視、鏡子、槍、刀、蠟燭、火柴、藥品、曬乾物品、照相機、樣本、火槍、長鎗、戈、極焰。

性情——注重外表、性情善變、動輒發怒、性急欠冷靜、經常失敗、表面明朗、生性懦弱、有先見之明、才能卓越、如得貴人扶持前途輝煌、求知慾強、重名譽。

其他——精神、學問、教育、公事、先見之明、發現、名譽、尖銳、輝、藝術、離別、炸彈、火藥、戰爭兵伐、爆炸、切割、手術、爭、激烈、美、發明、外觀、美容、華美、文明、光、理想、表現、記錄、八面玲瓏之人、法律書、律法、制典、書籍。

人事——文書之所、有聰明才學、相見虛心、分家、專業科技人員。

出行——可行、宜南方、慎於行舟。

婚姻——利中女之婚(二次婚)、不利少女之婚。

求財——有利、交易可成、立夏。

官訟——已動文書、可明析。

㊃：☳震、雷

陽曆季節──從三月上旬驚蟄至四月上旬清明的一個月間。

太陽遠離，有孕育萬物萌芽之勢。

時間──三時至六時。

天象──晴、雷雨、地震。

人物──長男、青年、廣告、宣傳人員、廣播員、接線生、電氣、與樂器有關的人、勇者、不安份的人、急性子的人、公職人員、獄官、軍警、王侯、發號司令之職、將帥。

人體──肝臟、神經、腳。

疾病──肝臟病、暈眩、歇斯底里症、神經痛、痙攣、百日咳、氣喘、風濕病、突發病症、肌肉痛、受傷。

市場行情──變動、上升。

動物──龍、鳴蟲、龜、雀。

方位──東、左、左青龍位。

植物──檸檬、嫩竹、仙人掌、蜜柑、山茶。

雜物──電器用品、發出聲響之物、樂器、鈴、電話、廣告傳單、燈火、煙火、新潮用品、新品樹苗、壽司、槍。

性情——個性爽朗、善於交際、積極而且早熟、有桃色糾紛、有所偏愛、個性倔強、卻無膽量、性急而且感情化、說話易遭誤解，而且感到痛苦、征伐。

其他——繁榮、發展、爬升、伸長、侵入、希望、奮起、聲音、音樂、鳴叫、雷鳴、動、激烈、喧囂、火災、明朗、新鮮、性急、度、評價、宣傳、廣告、誑語、勇敢、嚇人之物、頻動、波動、擊引、動傳導。

人事——起動、怒、虛驚、多動、宜官職。

婚姻——可成、聲名之家、長男之婚大吉。

求財——有利、求名有利正職。

官訟——有虛驚、反覆之象。
出行——可、宜利東方。

㊄：☴ 巽、風

陽曆季節──從四月上旬清明至芒種約二個月間，陽氣滋生時。

時間──六時至九時。

天象──刮風、不下雨、龍捲風、旋泓。

人物──長女、推銷員、商人、旅行者、來客、郵局工作人員、迷失人、未婚者。

人體──肝臟、呼吸器官、腸、股、食道。

疾病——感冒、呼吸器官的疾病、腸疾、狐臭、性病、流行性疾病、肝臟病、病情忽好忽壞、氣喘、中風。

市場行情——不穩定、有下跌傾向。

方位——東南。

婚姻——大利長女之婚。

人事——柔和、不定、鼓勵、利市交易、迷惑、忌輕率行事。

官訟——速和可無事、不宜糾纏。

求財——有利、不利秋季。

出行——可、老者有疾患。

場所——道路、連絡用道、遠處、機場、海港、電信局、信箱、郵筒、商店、加工廠。

動物——蛇、鳥、蝴蝶、白帶魚、蜻蜓、海鰻。

植物——竹、木、柴。

雜物——電風扇、螺旋狀物、飛機、木製品、長繩、加工品、帶、線紙、羽毛、帆、扇、枯葉、麵條、佛香、香水、繫、傘、巽入。

性情——慈祥溫和、樂於助人、說話婉轉、喜歡社交、果斷力弱、容易喪失好機會、自我認識不夠、滿腹牢騷、過於自負。

其他——交際、關照、友情、信用、買賣、不定、謠言、遠方、旅行、通訊、迷惑、搞錯、長、飛、說媒、結論、和諧、機警敏捷、風俗、輕率、敷衍、傳遞、波頻、飛碟、旋雲。

㈥：☵ 坎、水

陽曆季節──從十二月上旬大雪到一月上旬小寒的一個月間。

為等候春天的降臨，必須忍耐準備的堅苦時期。

時間──二十一時至二十四時。

天象──雨雪交加、霜、梅雨、寒氣、月、雲、水氣。

人物──中南、船員、法律專家、思想家、部下、介紹人、

性感之人、盜賊、病人、死者。

人體──耳、腎臟、性器官、肛門、臀部、子宮、陰性細胞。

疾病——耳炎、腎炎、尿道炎、糖尿病、出血、喀血、化膿、
盜汗、中毒、酒精中毒、下痢、寒症、婦女病、
月經不順、性病、痔瘡、疼痛症。

方位——北、玄武位。
出行——不宜太遠(外國)、防有困陷。
市場行情——下跌、最低價格。
場所——穴、洞穴、水源地、瀑布、河川、污水、水利局、
井邊、洗間、酒店、地下、內側、後門、寢室、等候
室、海中、北極、運補、輸送、暗昧處所。
動物——魚、貝類、狐、豬豕。

植物——絲瓜、水草、水仙、蘿蔔、紅梅。
雜物——食用水、泉、飲料、牛乳、汁、醬油、酒器、海苔、豆腐、菜、毒藥、針、筆、弓、水晶、石油、環、酒、車、舟、矛、箭矢。
性情——不圓滑、有怪癖、講求面子、面惡心善、注意力集中、熱心、為達目的不顧不切、勞碌而且神經質、不知變通、意氣用事、自傲、喜獨處。
其他——濡濕、創始、沉沒、潛入、流轉、煩惱、勞苦、貧困、孤立、障礙、疾病、性交、隱情、私奔、秘密、幽會、裏面、睡眠、鎮靜、親愛、親睦、連絡、法律、思考、計謀、狡猾、黑暗、寂寞、儲屯、補給、運送、儲屯、大型航器、弓輪矯揉之物、旅遊、立定中線。

婚姻——大利中男之婚。

人事——險陷、卑下、外示以柔、內序以利、或隨波逐流。

官訟——不利、困陷。

求財——利水產攸關生意有利、行舟車運有利、不利土地合夥投資、置產可、週轉有困難。

㈦：☶艮、山

陽曆季節——從二月立春至三月上旬驚蟄的一個月間。

由冬入春的變化時期。

時間——零時至三時。

天象——陰、迷矇。

人物——少男、繼承人、家族、親戚、同業者、革命家、頑固者、高尚之人、奇特之人、貪心之人、警備人員、飯店工作人員、倉庫管理人員、後繼者、礦業人員、監獄監管人員。

人體──關節、背部、鼻、手指、男性性器官。
疾病──關節痛、骨折、鼻炎、腰痛、血氣不順、脊椎骨的疾病、跌打損傷、脾臟疾病。
市場行情──漲停板。
場所──城、石牆、土堤、山岳、山林、閣寺、高山、高地、宿舍、旅館、倉庫、小庫房、二樓、階梯、拐角、走廊、門、出口、椅子、山路、境界、貯藏所、橋、丘陵、家、囚獄、檻、防空洞、山內建築物。
動物──狗、有牙齒之動物。
植物──百合、桃、李、藤蔓、瓜果。

雜物——不動產、門、小石、桌、倉庫物品、牛肉、鹹魚子、藤生物、纏住、山芋、高級甜點心。

人事——阻隔、守靜、進退不決、背叛、止住、不可見謁、改革、關店、儲蓄、慾念、遭拒絕、堅固、復活（火山、植被）、糾纏、再起、頑固、交易難成。

求財——利山耕與山地買賣、其餘無利或小利。

婚姻——利少男之婚、其他有阻隔難成、遲滯之象。

官訟——牽連不絕、阻滯、終可解、忌有牢獄之災。

出行——宜陸、勿遠行。

性情——做事穩健且受長輩提攜、在實業方面有所成就，如私慾過重、將遭朋友排斥而被孤立、不屈不撓、具有重振雄風的毅力、性情保持平和、改變方針時多加注意，則可獲得幸輻、好惡明、好勝而且理解力強、自我主義。

其他——親屬、繼承、轉捩點、改革、革命、復活、再起、改良、整理、停止、中止、退、關店、儲蓄、慾念、頑固、高尚、拒絕、歡迎、堅固、循環用數。

㈧：☷ 坤、地

陽曆季節──從七月上旬小暑至九月上旬白露的二個月間。

時間──十二時至十五時。

天象──陰。

人物──妻、母、女、老婦、農夫、民眾、勞工、副主管、平凡人、溫順的人、老母。

人體──腹部、胃腸、皮膚、肉、皮肉、內臟。

疾病──胃腸疾病、消化不良、食慾不振、皮膚病、下痢、便秘、過勞、老化、死亡。

市場行情——跌停板。

場所——平地、農地、農村、山村、原野、鄉村、故鄉、

安靜場所、黑暗地方、工作場所、地底建築、

地底創建物。

動物——母馬、牛、家畜、蟻、百獸。

植物——蘑菇、芋、馬鈴薯、蕨、地底農物。

雜物——布、棉織品、袋子、床單、被單、書、貼身內衣、

綢緞、不產、古物、土器、陶瓷器、鍋、釜、容器、

空箱子、榻榻米、甘薯、粗點心、廉價品、粉末、

日常用品、鞋、古董、錢頁面。

性情——外柔內剛、腳踏實地努力，可獲成功，一點一滴累積以致富，缺乏創意與果斷力，但工作認真、踏實而且個性柔順，在組織中受人信賴，適合輔助性質的工作、和順、卑下。

其他——樸實、農業、低等職業、勤務、營業、傳統、舊式、拖延、夜、黑暗、不消化、空虛、空、吝嗇、認真、參謀、四角、厚、等、具體的、靜、錢頁面、軍隊、民眾、團結、順從、蘊頤、化生。

人事——柔順、懦弱、樸實、為副不為主。

婚姻——吉利和順、相睦、無阻、先孕之象。

出行——可、春占防盜失、或有迷路、無礙。
求財——有利、大利土地房屋田產買賣、多而於中取利交易
忌不明物品。
官訟——順理、皆可解。

第十章・八純宮八變法

易占八宮卦變化表

(一)乾宮(金屬)所屬八個重卦

䷀ 純乾卦(乾為天)爲本宮各卦變動開始點

䷫ 第一爻變(天風姤)

䷠ 第二爻變(天山遯)

䷋ 第三爻變(天地否)

䷓ 第四爻變(風地觀)

䷖ 第五爻變(山地剝)

䷢ 回來第四爻變(火地晉)

䷍ 下卦全變(火天大有)

（二）兌宮（屬金）所屬八個重卦

䷹ 純兌卦（兌爲澤）為本宮各卦變動開始點

䷮ 第一爻點（澤水困）

䷬ 第二爻變（澤地萃）

䷞ 第三爻變（澤山咸）

䷦ 第四爻變（水山蹇）

䷎ 第五爻變（地山謙）

䷽ 回來第四爻變（雷山小過）

䷵ 下卦全變（雷澤歸妹）

(三)

離宮(屬火)所屬八個重卦

䷝ 純離卦(離爲火)爲本宮各卦變動開始點

䷷ 第一爻變(火山旅)

䷱ 第二爻變(火風鼎)

䷿ 第三爻變(火水未濟)

䷃ 第四爻變(山水蒙)

䷺ 第五爻變(風水渙)

䷅ 回來第四爻變(天水訟)

䷌ 下卦全變(天火同人)

(四) 震宮(屬木)所屬八個重卦

䷲ 純震卦(震為雷)爲本宮各卦變動開始點

䷏ 第一爻變(雷地豫)

䷧ 第二爻變(雷水解)

䷟ 第三爻變(雷風恒)

䷭ 第四爻變(地風升)

䷯ 第五爻變(水風井)

䷛ 回來第四爻變(澤風大過)

䷐ 下卦全變(澤雷隨)

（五）

巽宮（屬木）所屬八個重卦

䷸ 純巽卦（巽為風） 為本宮各卦變動開始點

䷈ 第一爻變（風天小畜）

䷤ 第二爻變（風火家人）

䷩ 第三爻變（風雷益）

䷘ 第四爻變（天雷無妄）

䷔ 第五爻變（火雷噬嗑）

䷚ 回來第四爻變（山雷頤）

䷑ 下卦全變（山風蠱）

（六）坎宮（屬水）所屬八個重卦

䷜ 純坎卦（坎為水）爲本宮各卦變動開始點

䷻ 第一爻變（水澤節）

䷂ 第二爻變（水雷屯）

䷾ 第三爻變（水火既濟）

䷰ 第四爻變（澤火革）

䷶ 第五爻變（雷火豐）

䷣ 回來第四爻變（地火明夷）

䷆ 下卦全變（地水師）

(七)

艮宮(屬土)所屬八個重卦

䷳ 純艮卦(艮爲山)為本宮各卦變動開始點

䷕ 第一爻變(山火賁)

䷙ 第二爻變(山天大畜)

䷨ 第三爻變(山澤損)

䷥ 第四爻變(火澤睽)

䷉ 第五爻變(天澤履)

䷼ 回來第四爻變(風澤中孚)

䷴ 下卦全變(風山漸)

（八）坤宮（屬土）所屬八個重卦

䷁ 純坤卦（坤為地）爲本宮各卦變動開始點

䷗ 第一爻變（地雷復）

䷒ 第二爻變（地澤臨）

䷊ 第三爻變（地天泰）

䷡ 第四爻變（雷天大壯）

䷪ 第五爻變（澤天夬）

䷄ 回來第四爻變（水天需）

䷇ 下卦全變（水地比）

〔四大難卦〕：

以下並列的四卦，各卦均帶有☵坎水，在運勢上而言，屬於困難逆境之卦。

(3) ䷂ 水雷屯 開始之時遭遇困難。

(29) ䷜ 坎為水 開始與最後之時，進退均有困難。

(39) ䷦ 水山蹇 中途遭遇困難。

(47) ䷮ 澤水困 困難之極。最終之苦惱。

上卦(外卦)帶有☵坎卦者，主有外患，下卦(內卦)有坎者，主有內憂，故䷜坎為水表示內憂外患。由於坎具有穴、困難、苦難之卦象，故占得該卦時，必須自我保重，以挽救極險的狀況；並且步步為營，等候時機的到來，以謀脫離險境。

就逆境之卦而言，求得之卦時，如所占得的爻位接近上爻者，表示其困難將近結束。

〔彼我分析法〕：

該占法係將所占得的大成卦(本卦)加以分離，上卦(外卦)代表對方，下卦(內卦)代表自己。該種占法多運用於買賣交涉之類的占卦；但是，其並非隨時均可加以應用，祇不過是占法之中一種論斷而已。

譬如：䷴風山漸的上卦爲☴巽、風，視爲對方；下卦爲☶艮、山，視為自己。該種情形之下，且將對方四卦(雷、風、山、澤)的上卦如下列情形，加以倒置看看。

☳雷→☶艮、山→停止

☴風→☱兌、澤→誘惑

☶山→☳震、雷→前進

☱澤→☴巽、風→違背、迷惑

☰乾、天（不理睬）、☲離、火（看透）、☵坎、水（苦惱）、☷坤、地（不明瞭）等四卦加以倒置亦復相同，故仍持原來看法。

如前頁所示風山漸的上卦☴風變為☱兌，☱兌象為誘惑，而下卦☶艮為停止之象，故可視為對方雖有所引誘，惟自己不為所動，保持停止狀態。四爻、五爻帶有⚋陰爻時，則為對方朝我方前進，或有所引誘之意。

(3) ䷂ 水雷屯　視為對方（☵坎、水）陷於困窮狀況，正在設法之中；自己（☳震、雷）則有意前進。

(50) ䷱ 火風鼎　視為對方（☲離、火）已經看準，而自己（☴巽、風）卻持不同意對方的態度。

(11) ䷊ 地天泰　視為對方（☷坤、地）態度不明確，而自己（☰乾、天）則假裝不在乎的態度。

(2) ䷁ 坤為地　　視為我彼雙方態度均不明確，不得結果。

(23) ䷖ 山地剝　　視為對方（☶↓☳震、雷）已經採取前進行動，而自己（☷坤、地）卻不能表明態度。

(58) ䷹ 兌為澤　　視為對方（☱↓☴巽、風）不同意，自己（☱兌、澤）雖有所勸惑，仍不能表明態度。

對八卦象意配合具體的占卦目的，進行占斷，其可應用的範圍，實廣泛無比。另外，尚有將原卦的內卦陰陽互變，分析變更自我方針的一種占卦法：(6) ䷅ 天水訟（不和、起爭執。對方態度強硬。意見不能溝通），將其下卦（內卦）反轉過來，則變成 (13) ䷌ 天火同人（與志同道合之奮交往則吉。受關懷、提攜）。但是，該卦對於起初占得的本卦所表示的運勢，並不意味可以全面改變。

〔彼我論卦〕：

該種卦法係將大成卦(本卦)當做我方，然後，將該大成卦整個掉轉過來，所得出之卦當做對方。譬如：䷒地澤臨代表我方，該卦上下掉轉則成䷓風地觀，係代表對方。賓主法爲分析買賣交涉或對方狀態的占法，不過也只是所有占法之中的一種論法；占卦時，並非一定要使用該一賓主法，不妨因應所占問的事物作一參考。

䷀ 乾為天

䷝ 離為火

䷼ 風澤中孚

䷁ 坤為地

䷚ 山雷頤

䷽ 雷山小過

䷜ 坎為水

䷛ 澤風大過

以上所列八種大成卦，其上卦、下卦均對等立，故主我方與對方均屬相同等質量。除去該八種以外的大成卦，有關其賓主法，謹略述如後：

我方：

(55) ䷶ 雷火豐

盛大　內部帶有苦惱　無持久性

對方：

(56) ䷷ 火山旅

親情淡薄　移動　孤獨　不安

(16) ䷏ 雷地豫

歡樂　完成準備　希望　易於疏忽

(15) ䷎ 地山謙

謙遜　謹慎　後期轉佳

(7)

䷆ 地水師

戰爭 損傷 不得平安

(8)

䷇ 水地比

親睦 平安 協力 遲緩

(40)

䷧ 雷水解

解決 放鬆 散除

(39)

䷦ 水山蹇

停頓 阻滯 動彈不得

(46)

䷭ 地風升

前進 地位上昇 循序前進

(45) ䷬ 澤地萃

喜悅聚集 買賣繁昌 爭奪財產

(49) ䷰ 澤火革

改革 轉換方向 愈往後愈佳

(50) ䷱ 火風鼎

取新 跟隨機運 改正

(19) ䷒ 地澤臨

希望 盛運 徐徐前進

(20) ䷓ 風地觀

靜觀 觀察 受他人提拔 精神方面主吉

(41) ䷨ 山澤損

一時的損失　先賠後賺　徐徐前進

(42) ䷩ 風雷益

利益　先賺後賠　內部動搖

(60) ䷻ 水澤節

節制　緊張　段落

(59) ䷺ 風水渙

離散　心不安

(54) ䷵ 雷澤歸妹

顛倒順序　非常道

(53)

䷴

風山漸

事物漸有進展　金錢上的苦惱

(48)

䷯

水風井

重複不能立即達成　守舊爲吉

(47)

䷮

澤水困

困難不如意　資金不足

(32)

䷟

雷風恒

恒常　平穩　守舊　沒有進展

(31)

䷞

澤山咸

迅速行動　感應　遠方有佳音

(24) ䷗ 地雷復

再來 一陽來復 復活 順利推進

(23) ䷖ 山地剝

從基礎開始崩潰 身為上司者感到困苦

(3) ䷂ 水雷屯

創始的苦惱 萌芽 難以伸展

(4) ䷃ 山水蒙

妄念 躊躇 矇昧 黑暗 後半轉佳

(51) ䷲ 雷為震

奮進 有聲無形 共振波率(ㄌㄩˋ)

(52) ䷳

艮為山

止　再接再厲　經常阻滯

(17) ䷐

澤雷隨

隨從　臨機應變　改正

(18) ䷑

山風蠱

混亂　閉塞　來自內部的混亂

(36) ䷣

地火明夷

才能不受賞識　內心憂悒　地底發展

(35) ䷢

火地晉

前進　昇　進昇　沒有內容

(22) ䷕ 山火賁

飾也 美觀 內部空虛 創建新機

(21) ䷔ 火雷噬嗑

除去中間的障礙 逞強 買賣

(63) ䷾ 水火既濟

完成 先好後壞 結束 一個階段成就

(64) ䷿ 水火未濟

未完成 先壞後好 另一次延續進展

(33) ䷥ 火澤睽

反目 背叛 後半轉佳 內部起鬨

(37)

䷤ 風火家人

和睦親愛 意思溝通

(58)

䷹ 兌為澤

喜悅 小事有喜 沒有歸結 注意口角之爭

(59)

䷺ 巽為風

疑惑 迷失而受損 中途受挫 不安定

(11)

䷊ 地天泰

安定 中途陷於混亂 表面良好

(12)

䷋ 天地否

否塞 半途開始亨通 困難

(26) ䷙

山天大畜

養精蓄銳 進行計劃 超科技

(25) ䷘

天雷无妄

順從趨勢演變 意外之災 迷惑 無有妄念

(5) ䷄

水天需

等待時機 期待 養精蓄銳

(6) ䷅

天水訟

申訴 不和 憂傷 爭執

(9) ䷈

風天小畜

稍後 時機未熟而焦躁

(10) ䷉
天澤履
冒險　履虎尾的危險　開始時有驚恐之事

(34) ䷡
雷天大壯
強壯　好強　沒有實質

(33) ䷠
天山遯
退　引退　凡事出錯

(14) ䷍
火天大有
盛大　物質上的滿足　因人際關係而勞苦

(13) ䷌
天火同人
協力　受提拔　性急　和睦

(43) ䷪ 澤天夬

解決 斷然實行 不測之災 文書上的錯誤

(44) ䷫ 天風姤

偶然相逢 迷惑多 交構

〔詮卦〕：

大成卦之中含有小成卦的八卦卦象者，稱詮卦。在占斷之時，以所含八卦卦象的意義為主，進行判斷。又稱爲大卦。該詮卦亦屬占斷時的一項參考，並不一定需要觀察出來。即「以二用一」的理論。

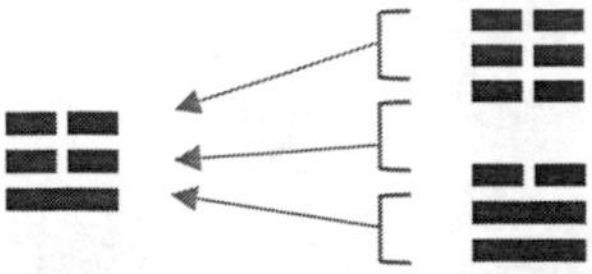

地澤臨

震（大震）

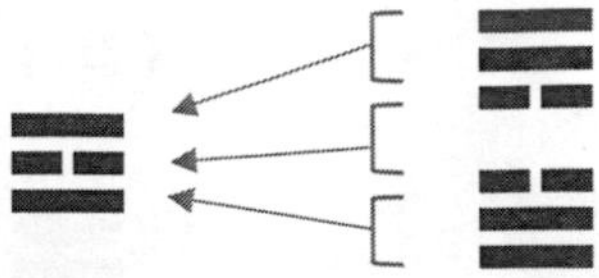

風澤中孚

離（大離）

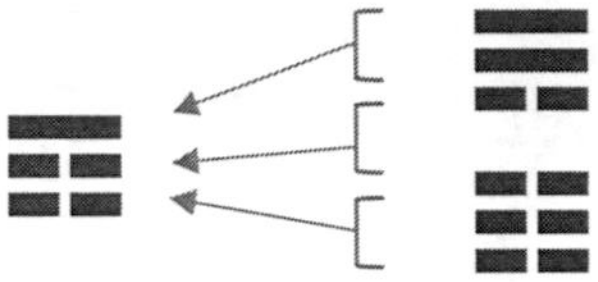

風地觀

艮（大艮）

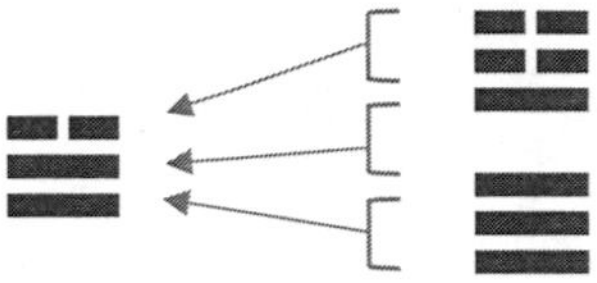

雷天大壯

兌（大兌）

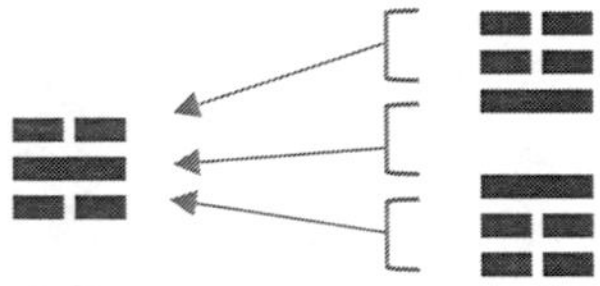

雷山小過

坎（大坎）

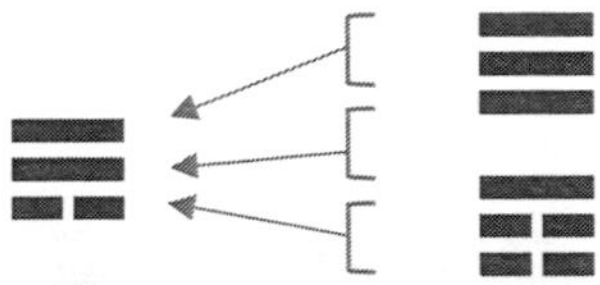

天山遯

巽（大巽）

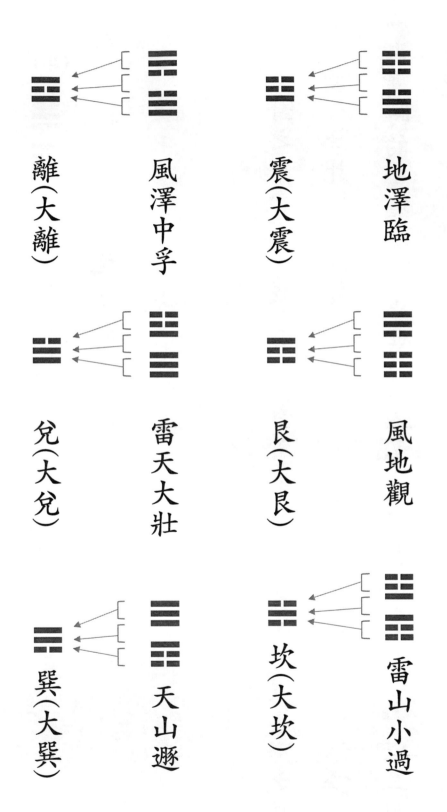

雷山小過（大成卦）包含坎（小成卦）象，視為水、苦惱。風地觀（大成卦）包含艮（小成卦）象，故視為停止。

〔包卦〕：

以下所列舉之卦稱做包卦，觀察內互法之包爻呈卦。

䷨ 山澤損　䷩ 風雷益

☰ 乾中包含有 ☷ 坤

䷥ 火澤睽　䷤ 風火家人

☰ 乾中包含有 ☵ 坎

䷞ 澤山咸

䷟ 雷風恒

䷦ 水山蹇

䷧ 雷水解

☷ 坤中包含有 ☰ 乾

☷ 坤中包含有 ☲ 離

◎包卦僅示卦相有互比之卦相，以「內三爻」成一單卦相。

于：「四重卦」中有「天象學之理論闡述」。

〔互卦〕：

四爻可互卦，即：「四盈而成易」。大成卦(本卦)的二爻、三爻、四爻稱為互卦，三爻、四爻、五爻稱為約象。本卦為☷☱地澤臨，則其互卦為☳震、雷，約象為☷坤、地。將約象的☷坤、地作爲上卦，互卦的☳震、雷作為下卦，則成☷☳地雷復的大成卦。

以該本卦的上卦(外卦)代表對方，下卦(內卦)代表我方，則可說是對方與我方的接觸點或是現況，即使彼我形態上而言，也可以說是呈現出一種交錯狀態。

進行占斷時，觀察該一由互卦與約象（二者合一，通稱互卦）所組成的大成卦，可以提供解決現況的一項線索；並且，其可視為潛藏著的事情，配合、對照所得出的本卦（此處是指䷒地澤臨），更可得出實際而具體的占斷。

所以，互卦、約象可以說是占斷的關鍵，觀察互卦與約象之象，復可謀得解決問題的方法。

譬如：䷸巽為風的互卦☱兌、澤，約象為☲離、火，根據☲離、火之象，則可判斷該事物是否與文書之類有所牽連，這也是一種占法上的應用。

◎每一卦六爻中與上、中、下之四爻成互，則有三卦十八爻。

〈九〉占斷人事重點：

左列占法圖解係說明占問具體事實的時候，所使用的各種方法。配合本卦、之卦加以研究，則各該占法均可作為占斷時的一種參考。占斷之妙全然存乎於此。占斷方法復因個人的深入研究與分析，必然有所領悟，而變成自己的易占。一般而言，占卦時，如果出現不好的卦，往往都會想重新卜筮(占卦)一次；但是，再度進行占卜的話，易占必然不會給予明確的指示或顯示正確的事態。所以，首先必須熟諳八卦或六十四卦的象意，然後，研究該卦並對照具體事實，進行占斷，方能掌握解決問題的重要鎖鑰。至於，想瞭解其中或隱藏的情事、進退之策或情勢時，則可根據詮卦、或是將內卦、外卦的陰陽爻互變，當可有所明瞭。但是，必需熟諳八卦卦象，則該類占法必然運用自如。

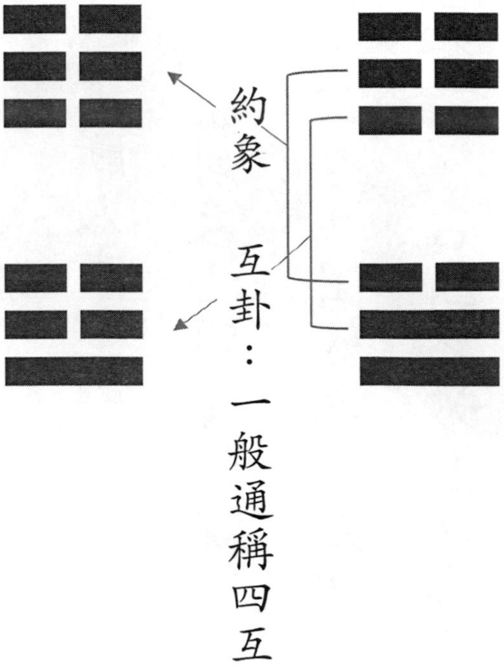

〔六十四卦象及認卦捷徑表〕：

上卦＼下卦	1. 天乾 ☰	2. 澤兌 ☱	3. 火離 ☲	4. 雷震 ☳	5. 風巽 ☴	6. 水坎 ☵	7. 山艮 ☶	8. 地坤 ☷
1. 天乾 ☰	乾為天 1	天澤履 10	天火同人 13	天雷無妄 25	天風姤 44	天水訟 6	天山遯 33	天地否 12
2. 澤兌 ☱	澤天夬 43	兌為澤 58	澤火革 49	澤雷隨 17	澤風大過 28	澤水困 47	澤山咸 31	澤地萃 45
3. 火離 ☲	火天大有 14	火澤睽 38	離為火 30	火雷噬嗑 21	火風鼎 50	火水未濟 64	火山旅 56	火地晉 35
4. 雷震 ☳	雷天大壯 34	雷澤歸妹 54	雷火豐 55	震為雷 51	雷風恒 31	雷水解 40	雷山小過 62	雷地豫 16
5. 風巽 ☴	風天小畜 9	風澤中孚 61	風火家人 37	風雷益 42	巽為風 57	風水渙 59	風山漸 53	風地觀 20
6. 水坎 ☵	水天需 5	水澤節 60	水火既濟 63	水雷屯 3	水風井 48	坎為水 29	水山蹇 39	水地比 8
7. 山艮 ☶	山天大畜 26	山澤損 41	山火賁 22	山雷頤 27	山風蠱 18	山水蒙 4	艮為山 52	山地剝 23
8. 地坤 ☷	地天泰 11	地澤臨 19	地火明夷 36	地雷復 24	地風升 46	地水師 7	地山謙 15	坤為地 2

國家圖書館出版品預行編目(CIP)資料

易經錯了幾千年 : 世界唯一。易經宇宙觀論卦。55 巽卦 / 林永昌著. -- [高雄市] : 林永昌, 民 111.08
面 ; 公分
ISBN 978-626-01-0371-2(平裝)

1.CST: 易經 2.CST: 注釋

121.1 111011841

易經錯了幾千年：世界唯一。易經宇宙觀論卦。55 巽卦

中華民國 111 年 8 月出版發行

著作：林永昌

出版者：林永昌

版權聯絡人：林芝伶

信箱：wenwenyaya520@gmail.com

印刷廠：海王星數位輸出影印店

印刷廠地址：高雄市三民區建工路 413 巷 1 號

印刷廠電話：07-3980591

定　價：新台幣 500 元整